贝克知识丛书

MILITÄRGESCHICHTE DER ANTIKE

古希腊罗马军事史

Leonhard Burckhardt
[瑞士] 莱昂哈特·布克哈特 著
励洁丹 译

上海三联书店

荷马的《伊利亚特》为欧洲文学史带来了微弱的曙光——它把关注点投向了战争。自此之后，古希腊罗马时期出现了无数专注于该主题的伟大作品，比如希罗多德对波斯战争的描述，恺撒对高卢之战的记录和普罗柯比对哥特战争的记述等。而最令人惊异的是，考古发现该时期很多战争遗迹迄今仍得到了很好的保留，这也使得与其他古希腊罗马时期的历史现象相比，我们对战争的了解更为全面详尽。和如今一样，战争不仅给无数人带来苦难或死亡，同时也可能决定一个国家的存亡。正因如此，早在古希腊罗马时期，军事装备和武器研制——包括海军和陆军——都会耗费巨资，同时人们也非常重视对战略战术的研究。本书的内容简明扼要，旨在为古希腊罗马时期的军事史做一个基础导论，同时这也是该时期历史的基本组成部分。

莱昂哈特·布克哈特教授在巴塞尔大学负责古代史教学，古希腊罗马时期的军事史是他的研究重点之一。他曾出版过相关专著《公民和士兵》（斯图加特，1994年）。作者还在贝克出版社出版过以下作品：《希腊人和希腊文明1—3》（雅各布·布克哈特全集19—21卷，2002—2005年），《古雅典时期的大型审判》（与尤尔根·冯·乌根—斯坦恩伯格合著，2000年）。

目 录

前　言 …………………………………… 1

引　言　古希腊罗马时期的战争……………… 3

第一章　古希腊早期的战争
　　　　（公元前900年—前600年）：
　　　　英雄时代——作为生存意义的战争… 1

第二章　希腊重装备步兵方阵：
　　　　各城邦找到了自己的战斗方式……… 11

第三章　雅典及其海军：夺取海上霸权……… 25

第四章　斯巴达：公民即战士………………… 37

第五章　伯罗奔尼撒战争的影响……………… 47

第六章 马其顿腓力二世和亚历山大大帝的军队：
　　　　征服世界的马其顿方阵……………… 53
第七章 希腊化时代各大帝国的军队：
　　　　当兵是一种职业……………… 67
第八章 古罗马早期时代：艰难的开局……… 83
第九章 罗马三线阵：所向披靡的罗马军团… 97
第十章 罗马共和国后期：
　　　　成为不稳定因素的战士们……………… 114
第十一章 奥古斯都和古罗马帝国：
　　　　　被派驻边境的军团士兵……………… 130
第十二章 罗马帝国后期：
　　　　　重压之下的军团士兵……………… 147

参考书目……………………………………… 155
德中译名对照表……………………………… 165

前言

在战争中，军队自有其存在的理由。尽管希腊和罗马的史实记录都更倾向于彰显其大无畏的英雄色彩，但即使是在古希腊罗马时代，战争所带来的也依然是无尽的痛苦、伤残、死亡、破坏、文化损失和穷困。本书因为篇幅有限，对于古希腊罗马时期军事史的这一重要方面无法详加阐述，但在正文的简要陈述中也隐含了这些内容。

本书的中心内容是军事史中的结构史、社会史、战略战术以及政治影响因素。必须清楚地意识到，这些方面会改变各个社会领域，反之，军事发展也和各个社会领域的发展变化息息相关。因此，和古典时期的宗教史、技术史或医学史一样，军事史也是该时期的一个重要方面，否则，我们就无法全面地认识这一时代——尤其是战争在古希腊罗马社会规模宏大、影响深远，很大程度上决定了历史的走向。正是出于以上考虑，在本书中，我对荷马时代到古希腊罗马后期的军事史上各个重要的路标和转折点均作出了简明扼要的概述。同时，由于本书篇幅有严格限定，出于系统性考虑，文中放弃了详尽描述各大战事的篇章。权衡、选择资料的种种矛盾对于作者而言的确是无比痛苦，但为了针对该主题写出简明扼要、通俗易懂的导论，这也是不可避免的。

莱昂哈特·布克哈特
巴塞尔，2008年夏

引言

古希腊罗马时期的战争

对古今众多学者而言,古希腊罗马时期是一个在众多方面都深受战争和军事影响的时代。对这段历史的研究者来说,从荷马时代(公元前8世纪—公元前7世纪)到君士坦丁大帝去世(337年)的这段古希腊罗马历史,几乎就是由毫不间断的种种军事冲突构成的。《欧洲思想史》和荷马的《伊利亚特》以及对那场旷日持久的血腥战役的描述,起源于同一时期;古希腊罗马的历史在编纂学上很大程度是战事记录,而且不可否认的是,古希腊和古罗马的众多文学和造型艺术作品都是以杀戮、战斗和战争作为主题的。希腊神话和古罗马传说中迄今仍广为流传的一些人物,比如奥德赛、亚历山大大帝、汉尼拔和恺撒，都曾是战斗英雄或军事领袖，而且无一例外都曾在战场上赢得其令人膜拜的声名。令人费解的是，在古典时期，战争和军事冲突都是理所应当的常态存在，而和平却是异状的。柏拉图的言论也证实了这种观念，他认为和平不过是一种言说，同时还把各个国家之间的关系描述成一种天生的、必然的斗争。

当代研究在理解和接纳古典时期的这一特征时更加全面多样：许多学者认为，战争是一种普遍存在的常态，古希腊罗马时代的共同体也是一种军事化的团体。在这些不同的团体中，军事冲突便是一种普遍存在的常态，同时也深刻地影响着当时人们的观念和生活方式。众多科学研究都聚焦在和战争相关的方方面面：不仅研究军事技术和战略战术问题、描述各大战役，同时也关注战争对社会和文化产生的重要影响，以及不同阶层和团体如何参与战争或在战争中受到何种影响。任何研究古希腊罗马时期的人都无法回避这一现象。

在如今一些影响广泛的现代影视作品中，一旦涉及古典时期，定会将其塑造成一个战乱时代，比如《角斗士》《恺撒与克丽奥佩拉》《斯巴达克斯》等影片，又或者在影片《斯巴达300勇士》和系列动漫《阿斯特里克斯》中，呈现的都是一个以勇武精神和战争为主导的世界。

事实上这种认识也完全是符合历史现实的,我们从荷马作品所描述的时代可以推断,贵族统治阶层所推崇的战争观主导了当时的社会,而这种思想对之后希腊历史的各个时期也产生了深远影响。雅典城邦(城市国家)是古希腊最重要的共同体,资料显示,在公元前490年至前322年,雅典发动了旷日持久的战争;而它的对手斯巴达一直以来就是一个只重视军事成就的共同体代表。亚历山大帝国以及之后的古希腊政权都以统治者的军事能力为基础。罗马人侵略并统治了这个庞大的帝国,而罗马社会也因此被视作是高度军事化的。尽管我们觉得难以想象,但还是不得不接受这样一种观念:在这些国家,战争毫无疑问就是当时人们日常生活的一部分。

但同时,我们也要相对地看待这个观点:古希腊罗马时期的战争都是有很大局限性的——包括自然、文化、技术、经济、宗教和政治方面。战争的强度、所涉及的地理范围以及持续的时间,都以其相关的社会发展现状为先决条件;尽管单独来看,每次战事的后果都很惨烈,但没有任何一场战役能产生长远影响或者从根本上改变相关社会共同体。不过"战争"这个词涵盖了多种现象,我们几乎无法用一个统一概念来对其加以概括。

下文以时间顺序划分的简要概览就旨在详尽描述这一系列现象。

尽管荷马史诗所描述的古希腊深受战争影响，但对当时那些引领时代的英雄而言，全副武装的战斗是他们努力证明自身价值和个人能力（英雄气概）的最重要方式。不过很多时候这种战斗并不是真正攻城略地的战争，而是装备薄弱的团体自发组织的偷袭行为以及与邻邦之间的武力摩擦。战争的导火线可以是牲口、庄稼收成或农田，也可能是为了尊严、威望和冒险欲而想要用自己的方式来实现对公平公正的诉求。只要居民能抵御邻邦的进攻，就意味着他们具备防御能力——战争也不过是一种局部或地区事务。私人部落是战争的主要发动者，而这些部落的领导人则是一个具有独特魅力且往往果断勇武的贵族。当时的参战人数、经济资源和组织能力都不足以发动大型的远征。《伊利亚特》重点描述的特洛伊之战应该说更像是以神话的形式虚拟再现了迈锡尼文明时期（公元前16世纪—前12世纪），当时统治希腊和克里特岛的可能都是君主专政的大型共同体，它们有绝对的能力进行远距离作战。直到具有城市特征的、作为公民自我防御体系和宗教共同体的城邦在希腊发展壮大之后，武装冲突的规模才越来越大，还形成了相对稳定的官方军事组织。

与之后的各个时代相比,早期(公元前7世纪—前6世纪)的社会要相对和平安宁,那时很少有大规模和长时间的战争,尽管贵族团体擅自发动私人战争的情况并未得到完全遏止,但至少在这方面取得了一定的进步,不会出现全面镇压或是全歼敌方的情形。不过美塞尼亚战争(公元前8世纪—前7世纪)却是一个影响深远的例外,此次战争结束后,斯巴达人攻占了美塞尼亚人在伯罗奔尼撒西南地区的领土。这场旷日持久的战争前后持续了好几十年,而赢得胜利的斯巴达人也由此获得了进一步壮大实力所需的物资,一跃成为希腊地区最强大的军事力量。但胜利同时也意味着掠夺、尊严和威望。全面占领战败方的领土或是将对方全盘歼灭的情况是十分罕见的——斯巴达和美塞尼亚之间的武装冲突除外。对大部分军队而言,占领一座坚固无比、防守严密的城市实在太过艰难,他们几乎缺乏任何能攻破城墙的有效武器,而且攻城战术也不属于一般军队必备的技能。

很长时间以来,战争无论是在规模还是在持续时间上都要受到大自然——确切地说是季节的影响。有一个惯例是:战事一般只出现在某个固定季节,而且通常是在暮春和夏季，或者秋收之后，也就是农事播种和收割的间歇。很少有战争会持续一整年，不管是陆战还是海战，人们都不愿意在气候恶劣的季节——也就是冬季——作战。不打海战的原因当然是显而易见的：爱琴海地区冬季风大，天气恶劣，很难甚至根本无法安全导航——尤其是古希腊罗马时代航海技术并不发达——因此海战基本就不可能了。而陆战之所以成为季节性的战事，其根本原因除了和季节性不适有关外，主要还是取决于当时希腊军队的组成。除斯巴达之外，希腊各地的陆军主要是由民兵以及农民组成的。农民可不愿意离家一整年外出打仗，甚至不愿意整个夏季都不在家，因为对这些以种庄稼为营生的农民而言，夏季的农活也是极为繁重的。另一个原因是当时希腊军队的后勤补给——也就是物资供给的组织能力——不太强。尤其是在没有收成的冬天，粮食非常短缺，军队的补给就更加困难。因此，一场战事很少会持续几个礼拜，往往都是以一场决定胜负的会战告终。当时最受欢迎的战术当然不是争夺战中上演的肉搏战，而是埋伏、水陆突袭、计谋战、抢夺或破坏庄稼等。

当时，当然也包括之后，战争的主要受害者就是前线战士，他们必须近距离制服敌人，但同时也是远程射击武器瞄准的靶子，士兵们往往身受重伤，而在当时的医疗条件下，这种伤病根本无法治愈，更不要说士兵们同时还要忍饥挨饿；在糟糕的卫生条件下，他们不仅有可能得传染病，还要拖着疲惫不堪的身体长途行军。显而易见的是，这种身体上的高强度负荷往往也意味着极大的精神压力，尤其是平民，他们在战争年代更要承受巨大的负担：自己的家产财物，尤其是庄稼收成，会成为战胜方肆意抢夺的对象；一旦被俘，还会成为奴隶；倘若无法支付赎金，就有可能被卖到遥远的陌生地区。特别是城池沦陷后，老弱妇孺往往会因为失去庇护而成为战争的牺牲品。

波斯战争（公元前490年—约前479年）之后，战争的规模、耗费和强度都得到了扩张：雅典联合其他希腊城邦组成了军事同盟，凭借强大的海军，它在抵抗波斯王大流士一世的战争中获得了胜利，此后，其组织的军事行动所涉及的地理范围成功地得到了极大扩张。随着雅典海上霸权的壮大，其海军的作战范围也不断扩大，同时需要在占领区长期驻军。而这一切的基础则是波斯战争结束后众多城邦共同建立的第一个阿提卡海洋联盟，其初衷是为了进行共同防御，从同盟国纳贡中获得的资金使其发展成一个急速扩张的海上强国。在这个军事同盟中，雅典试图获得希腊地区的统治权，尤其是在伯罗奔尼撒战争（公元前431年—前404年）中，它的野心更是达到了顶峰，这次战争的规模和传统战争相比完全不可同日而语。当时卷入这场战争的不再仅仅是单独的城邦，而是整个联盟同时在水陆各个战场作战，而且战争还持续了好几十年。为了确定战斗目标、保证物资供给、摸清地理和政治经济现状和了解对方实力，作战方需要制定长期斗争的战略。这也使得作战变得愈发复杂，对组织、军事、后勤和政治领导等能力提出了更高的要求。

到了公元前400年，战争的专业化趋势愈发明显。尽管在希腊各城邦中，民兵依旧是作战主力军，但除了这些士兵之外，雇佣兵的人数也日益增多；同时，雇佣兵还根据其作战武器被分成各专业兵种，除作战之外，他们不需要参与其余非军事活动。亚历山大大帝雄心壮志且野心勃勃，一心想要成为一代枭雄，他在一场血腥的侵略战中击溃了庞大的波斯帝国（公元前334年—前323年），他所统率的马其顿军队曾征战到如今的巴基斯坦和印度地区。无论是在人力、物资和军事战略上，亚历山大大帝都全面调动了希腊和马其顿的所有军事力量，同时还充分利用了全新的军事作战方式，也就是用雇佣兵作战，配套使用作战武器和机械装置，此外还设立了高效专业的后勤部门。不过这当中的部分作战方式最初是由其父亲腓力二世开创的。

亚历山大大帝顺利远征亚洲对希腊世界产生了巨大的影响。与国土贫瘠的希腊相比，马其顿帝国占领的这些国家所拥有的资源是难以估量的，而这些资源转而被进一步投入到了战争中——继位者之战。亚历山大大帝不到33岁便英年早逝（公元前323年），为了获得继承权，其继任者之间开始内讧，引发了一系列战争，其中的参战士兵远不止希腊共同体中的民兵，当时整个近东地区都成了希腊人和马其顿人的战场，他们在该地区创立了各个继任帝国，处在这些帝国上层社会顶端的主要是拥有强大军事力量的君王。希腊化时代不仅向原本被波斯人统治的东方输出了希腊文化及其生活方式，同时还传播了希腊的作战方式和战略战术。

而在亚历山大大帝及其后继者们创造的时代中，希腊本国则陷入了听凭各帝国摆布的命运。军事上，作为城市国家的希腊城邦完全就是屈居人下的，这也使得它不可能拥有独立的外交政策。而且，希腊军事领导层在某种程度上也早已四分五裂了。一方面，在希腊化时代，各个帝国之间战争不断，其目的便是占领更多的国土，获得更多资源和威望，当然也是为了确立自身继任者的地位。为此，各方在作战中主要投入的都是雇佣兵，这也使得当时雇佣兵成了一群特殊的兵种；另一方面，其故土在战乱中被分割成各个小国，它们彼此间出于各种大大小小的目的也纷纷开战，不过其战争主力是民兵的小队。此外，由于当时各大君主国为了争取自身利益，彼此间也是战争频发，同时它们还频频插手希腊地区的事务，使得当时巴尔干南部地区陷入了混战之中。

至此，该地区尚没有出现任何要统一的迹象：当时的军事活动范围和作战范围得到了极大扩张，当权者为了得到军事领导权而不断开战，毫无疑问的，这就是一个战乱的时代。但尽管如此，随着很多地区个别国家的稳定，那时也出现了相对和平的时代，比如在托勒密统治的埃及、塞琉古王朝时期的叙利亚以及阿塔罗斯王朝时期的小亚细亚西部，同时也有个别希腊城邦曾因摆脱战争而享有很长时间的和平时期。

其后罗马人的出现持续改变了地中海地区的政治格局。罗马最初不过是一个地理位置甚佳但相对较小的城市，但凭借其深谋远虑的政治领导及其频繁但整体上相对仁和的战事活动，一跃成为意大利地区的统治者。罗马的作战方式和各个希腊城邦并没有本质上的不同：它拥有的资源十分有限，作战行动也受到季节和地理的限制。但很明显的是，在意大利地区的长期作战中，罗马逐渐形成了自己独特的战斗文化（说来也是相当可怕的）。对迫切想要获得领导地位、权利和声望的政治精英们而言，战争是他们与对手间最重要的竞争方式。每年都会爆发大大小小的各类战事，古罗马的高官们纷纷急于证明自己是战场上的统帅。而侵略欲是其得以成功扩张领土的最重要原因，也使得罗马人最终成了地中海地区的新统治者。

第一章

古希腊早期的战争(公元前900年—前600年):英雄时代——作为生存意义的战争

欧洲文学史上最古老的著作,荷马的《伊利亚特》讲的就是战争。史诗作者在文中歌颂了希腊人对阵特洛伊人的那场战争,字里行间都是烽火连天,刀光剑影,血溅沙场,到处充斥着战斗的呼号声和濒死士兵的呻吟声,还时不时会以解剖般详尽的笔触赤裸裸地描述令人震愕、毛骨悚然的死亡场景。文中的描述非常贴近现实。同时,由于目前幸存下来和古希腊早期历史相关的书面资料非常有限,且从考古发现的文物中几乎无法了解当时的社会结构及所发生的具体事件,因此,荷马的这部史诗不仅是文学巨著,而且也成为了解当时文化的史料记录。从军事史角度来看这段历史时,这部史诗也是非常值得研究的。不过同时也应该明确意识到,荷马的史诗描述的是虚构事件。特洛伊之战——就算真的曾经发生过——也并不可能是文中所描述的那般情形;我们在荷马的诗行间读到的英雄不过是神化的人物形象。荷马生活在几何时期或古风时期,确切而言就是公元前800年—前700年间,他的创作素材很多都是源自早期以口头形式流传下来的神话传说,以及当时尚存的物质遗产和历史建筑艺术品。荷马结合当时的时代并根据听众的想象力,对流传下来的神话传说进行了改编,以此来迎合听众的趣味,获得他们的认同和理解,当然更是为了以此谋生。这种矛盾的创作尝试导致的结果便是荷马的这部史诗中交错出现了不同的时代印记:一方面可以看到其中出现了神化并进行过艺术加工的"英雄"时代,在个别题材和表述中明显留有已经灭亡的迈锡尼时代的痕迹;在这种模糊不确定的历史中,神和人的行为交织在一起。另一方面,其中的内容也折射了诗人自己生活的时代,而这同时也构成了史诗中事件的真实背景。尤其是军事史研究者感兴趣的方面,比如战争形式、武器配备和士兵队伍的组织编排等内容基本上都是参考了荷马所生活的时代。不过这种观点也值得商榷,因为史诗是为那些贵族听众写的，而他们所崇拜的偶像应该就是作品中的英雄主角——正因如此，作者完全有理由对这些角色进行艺术加工、升华，让他们成为战场上的盖世英雄，赋予其比现实更强大的主角光环。不过作者又要在描述战争的同时增加历史元素，使其更具古风，从而也显得更加庄严神圣。

尽管如此，我们还是能在荷马史诗中看到作者所处时代的一些现实印记。其中就反映了当时正逐渐形成的希腊城邦，也就是城市国家：希腊的个别地区在当时已经渐渐形成了城市化的定居形式，也产生了政治组织的早期雏形。不过虽然这种拥有法院、议会和公民大会的共同体正在慢慢形成，但个人的地位还是取决于其在城邦内外与对手竞争中体现出来的个人能力。体育竞技、武力冲突和议会会议都为身居高位的男性们提供了以各种方式和对手公开进行高雅竞赛（agon[①]）的舞台。在这种崇尚竞技的社会，一个人一旦失去财产、权势或声望，其社会地位就会急速下降或者丧失，其个人甚至有可能会因此而丧生。超越家庭的归属感，也就是集体精神，在当时还是非常淡薄的；直到在局部地区，作为宗教、防卫和权益联盟的个人联合会渐渐扩大之后，这种集体

---

① agon，公共竞赛。——译者注

精神才日益形成。个人的地位是比较复杂的，可能正是由于个人身份认同的这种不确定性，才使得荷马史诗赋予了当时拥有卓越军事才能的个人以极高的社会地位。

不过需要注意的是，荷马史诗中的战士并不是孤军作战的英雄。特洛伊之战中就描述了两类战士：一类是有名有姓的英雄和统帅。他们的武器配备优良，比其他人更加骁勇善战，在战争中都是冲锋陷阵深入前线的。这一类战士也可以被称作普罗玛琪斯（promachoi[①]）。而另一类则是无名无姓的普通战士，也就是平民战士，他们的武器配备很差，在作者的描述中主要是作为牺牲者来衬托主角的。这一类战士参战时组织松散，只有在特殊情况下才会被编排成各种阵形。希腊军队主要由各战斗队组成，而战斗队在组织时依据的则是士兵所属的地区，也就是说，当时尚未形成真正统一的军队，各个士兵分别代表了希腊的各个地区、岛屿和共同体。

可以确定的是，普罗玛琪斯们都是贵族，原本就富甲一方且个人执行能力突出，他们是各个地区优秀的上层统治者。对贵族家庭成员而言，参战、保卫自己的家园（oikos[②]）以及对抗外敌保卫当时正逐渐形成的共同

[①] promachoi，即先锋和勇冠三军之神。——译者注
[②] oikos，指贵族家庭。——译者注

体是他们最重要的职责；而且，贵族们有能力为此购置必要的武器；同时，他们也有足够的空闲时间参加军舞、体育运动和狩猎等活动，从身体素质上做好参战准备。

荷马作品中多次歌颂英雄们拥有的武器。不过这些描述和现实并不相符，因为荷马文中赞美的武器装备都过大过重，上面装饰着无数精美的金、银和宝石，无法成为真正的武器上阵杀敌。因此，我们要把荷马的描述和历史学家、考古学家所掌握的其他资料结合在一起比较分析，比如在墓穴中发掘出来的花瓶、宝石或金属碎片等，上面就绘有当时或相近时期的图文描述。我们有时也会在墓穴找到一些陪葬用的武器，不过我们也能在神庙中看到这种武器，当时的人们都热衷于把武器当作战利品供奉在庙宇中。对这些考古发掘出来的物件进行研究后，我们就能对荷马时代士兵们的武器装备有所了解。

当时的基本武器配置包括防御用的盾、头盔和胫甲，以及攻击性武器长矛和剑；此外还可能有盔甲或铠甲。统一的标准化武器装备当然是没有的。比如考古学上就曾发现过荷马时代的盾牌有多种类型，最常见的是长方形和圆形，尺寸不等，盾的中央向外凸出。其中最独特的一种是作为图案被绘制在花瓶上的迪普隆盾牌，这种椭圆形、狭长的盾牌低于一人高,其最大的特点是正反两面的中间区域都有凸起的装饰物,并由此把盾牌分成上下两半;这种盾牌可能最早源自某种古老的迈锡尼盾牌,与该时期的大部分盾牌一样,它的上面也装有吊带,人们既可以将它挂在胸前,也可以背在身后。所有几何时期的盾牌在制作时首选的都是皮革,外面再覆上一层金属材料,主要是铜;不过人们也曾发现过编织而成的盾牌以及木质盾牌,它们的外沿一般也都会钉上铜层,以便抵御对方的刀剑攻击。

第二种重要的防御武器是头盔。和盾牌一样,几何时期的头盔几乎也没有统一的制式,不过头盔的形状在演变的过程中应该是参考了东方国家的头盔样式,当然同时也运用了东方的金属加工工艺。虽然那时也有用皮革、毛毡或编织物制成的头盔,不过相对来说,我们印象中的金属头盔自然能起到更好的防御作用,而且千百年之后,这些有机材料制成的物件早就朽烂不复存在了,也正因此,我们更熟悉的是金属头盔的形状及制作方式。大约公元前800年,有一种圆锥形、半球状的头盔曾经风靡一时,其上还装有翎饰。大部分头盔上用的是马鬃做成的翎饰,戴上这种头盔,整个人看起来威风凛凛,同时也能更好地抵挡来自上方的长矛或刀剑的攻击。荷马曾详尽地描述特洛伊之战主帅赫克托尔的小儿子阿斯提阿那克斯在看到对方"头盔上的马鬃高高在上，猎猎舞动，令人心颤"（德文版由魏赫尔译）时惊惧害怕的情形。荷马还描绘了一种由野猪牙齿做成的头盔，这是一顶由皮革或皮绳做成的半球形头盔，其多个部位都被装上了野猪的牙齿，这是迈锡尼时代（公元前16世纪—前12世纪）常用的一种头盔，但在《荷马史诗》中，这只不过是对想象中先辈们生活的辉煌时代留存的记忆，而对吟唱诗人和被歌颂的贵族们而言，那就是理想的时代。

当时最受推崇、"英雄般威风的"攻击武器是矛，既可以用来刺杀，也可以投掷。从考古发掘的花瓶上所绘的图案可以看出，战士们手持两根长矛，按照目前最具说服力的一种观点，其中一根是用来远距离投掷，而另一根则用来近身搏斗。因此，为了便于使用，这种矛就不能太长也不能过重。迈锡尼时代的矛都很长，但在几何时代，这种长矛就很罕见了。尽管这种具有双重作用的武器在几何时代主要用作投掷攻击，但人们另外还会使用专门的投掷矛和标枪，和后者相比，前者的矛头更小，金属制成的骹也更短，这里的骹指的是矛头下部用来连接、安装木制矛柄的管状部位。投掷者使出全力将这样的矛掷出去，就能击破盾牌或盔甲。矛柄所用木料大多取自山毛榉或橡树。

除了矛之外，剑也是一种重要的攻击武器，不过从考古研究或荷马史诗中也可以看到，战场上用作攻击的武器还有匕首、棍棒、弹弓或弓箭——倘若手上什么武器都没有，荷马史诗中的英雄们会直接捡起石块，用自己异于常人的神力朝敌人狠狠砸去。

和用野猪牙齿做成的头盔一样，荷马史诗中常见的战车也是对迈锡尼时代的一种怀念。荷马笔下的英雄们会以独特的飒爽英姿驾着战车奔赴沙场，随后下车徒步作战，在史诗中，只有个别地方描述了某位战士在战车上直接对阵杀敌的情形。作者在描写这些场景时可能也引用了古代的一些传说，导致其与当时的生活现实并不完全一致。总之——荷马笔下的希腊英雄们根本不知道该如何正确利用这种来自中东平原地区的武器。

同样的问题还出现在对骑兵部队的描述中。荷马从未提到过骑兵作战；在他笔下，马匹仅仅只是拉战车的牲畜，不过战士们头盔上的马鬃却足以证明，当时的人们就已经在驯养马匹了。同时，马也是富人用来彰显地位的资产，他们意图通过驯养马匹来提高自身声望——而且这样的情况应该持续了很久。之后的希腊作家们，比如亚里士多德，就曾明确提到过——而且现代的有些研究也证明了他们的说法——骑兵是当时贵族军队中最重要的兵种。不过如果这种说法属实，那荷马对此只字不提的事就有点令人费解了。

目前还没有任何可靠资料介绍当时非贵族阶层的士兵们所使用的武器装备。不过他们肯定也是竭尽所能为自己配备防御武器，可惜并不是所有人都有足够的财力购置盾牌，而且与贵族们相比，他们持有的攻击武器质量肯定也更差一些。虽然如此，这两个群体之间却并不太可能存在过大的差距。而且尽管史诗试图造成误会，但很多证据还是表明，荷马是知道当时曾发生过大规模战役的，而且参战人数众多。荷马史诗的个别地方甚至提到了横队、纵队，也就是希腊步兵方阵（phalanges），这是一种按纵横队列排列的作战队形，可以让统帅更好地指挥整个作战队伍。不过当时队伍的组织性并不是很高；很可能武器装备精良的战士会打先锋，其余持有远程攻击武器的士兵则在后面支援或以别的方式为冲锋陷阵的战友提供增援。有时候可能也确实会出现荷马笔下描述的、当时备受推崇的一对一决斗场景，双方各选出两位最强的战士来一决高下。

学界曾一度认为，这种体现骑士精神的决斗代表了一种争强好斗的战争观，也就是在既定规则下进行战斗的观点，在这样的战争观中，某些行为方式备受推崇，而另一些做法则会被时人贬低。曾有研究认为，这种战争观还持续影响了荷马之后的时代，决定了希腊人对待战争的态度。不过这种观点在当下已经站不住脚了。早在荷马作品以及荷马在题材创作时所借鉴的神话传说中，就已经明确出现了很多同样被广泛运用的其余战斗方式。最常见且运用最广的自然是弓和箭——尽管荷马认为它们不是光明正大的武器，且其本人更偏爱长矛。但现实却极少和荷马偏爱的枭雄做法一致：不管是在日常战事中发生的小冲突，还是在各种水陆激战中，人们都会为了抢得作战优势而利用所有可能的方式和手段。

第二章

希腊重装备步兵方阵：
各城邦找到了自己的战斗方式

大约公元前 8 世纪中叶，原本一直由贵族统治的——尽管有些闭关锁国的——希腊地区开始发生了根本性变化。而这种变革的标志就是人口的普遍增长，以及中产农民阶层在政治和社会影响力上的提升。尽管贵族依旧享有领导地位，但其曾经英明神武，甚至神化的个人英雄形象却与共同体有了越发紧密的关联，他们不得不考虑共同体的诉求，保持节制（sophrosyne①），维护绝对的公民美德。

当时希腊人最典型的政治组织形式就是城邦

---

① sophrosyne，即理性自制的德性。——译者注

(polis),即城市国家——一个由自由公民组成的共同体,设有各类机构并实行自治。那时大部分希腊人都生活在城邦内;只有在希腊北部或中部落后地区才会存在一些例外的情况,比如乡村化的组织体制,或像马其顿这样的君主专政。公元前7世纪,希腊城邦发明了步兵方阵这种战术。早在荷马史诗中就已经出现了步兵方阵的雏形,不过到了公元前2世纪,这种战术已经发展出了多种形式,并对希腊军事史起到了决定性的影响。但在对其确切的起源、形成发展的过程以及具体组织形式的研究上,学界并没有得出统一的结论。

在步兵方阵应用最为广泛的全盛时期(公元前6—前4世纪),其阵形从根本上来看是一种由士兵按一定规律排成纵横队伍的组织形式。古典时期的军事教材中——当然这些书都是很久之后才写就的——就介绍了常见的八列阵形。而在方阵中作战的就是重装步兵,这些士兵都是从那些有能力购置必备武器的公民中招募来的。

步兵使用的武器装备都是标准化的,但并不统一。其中最典型的就是大圆盾(hoplon),这是一种盾面向外凸起的圆盾,内侧装有两个盾柄,其中一个装在中心位置（porpax），另一个在内侧右边（antilabe①）。和传统的盾牌相比，这种双盾柄的设计可以让持盾的士兵握得更加稳固。同时，大圆盾上省去了先前各类盾牌中常见的皮吊带，原本士兵们可以利用皮吊带将盾牌背在背上，在作战或后退时抵御来自后方的攻击，但去除皮吊带后，战士们在后退时就不得不丢弃盾牌，而这种丢盔弃甲的行为在战场上却是非常可耻的。使用大圆盾时是左手持盾，空出来的右手则用来持长矛或剑以进行战斗。重装步兵使用的防御装备主要是头盔、护胸和胫甲。其中最典型的一种护胸就是所谓的钟形护胸，它由两块青铜片组成，分别用来保护胸腹部和后背，两块青铜片之间则用钩子连接紧实。之所以称其为钟形护胸就在于此类护胸的下方是向外突起的，使其看上去呈钟状。而重装步兵最主要的攻击武器则仍旧是标枪和剑。标枪的射程能达到25—35米，具有极大的穿刺力。为了确保标枪扔出去时不会偏离轨道，他们往往还会在上面装上一个皮带环。无论是标枪还是剑都能在作战时给对方造成重创。

来自累思博斯岛（Lesbos）的古希腊诗人阿尔凯奥斯（约公元前600年）曾在所谓的军械库之歌中标榜自

---

① antilabe，供持盾的左手反向抓握。——译者注

己的武器装备:"青铜的微光在大厅中闪烁/屋梁上挂满了各种武器/头盔在厅中铿铿发亮/雪白的马鬃毛翎饰,居高临下,缓缓飘扬/那是战士头上的装饰和点缀/四周的挂钉都被闪闪发光的青铜板/悄悄地掩盖了/进击和防守的武器后是那重重的投掷兵器/皮质的新护胸/和圆鼓鼓的盾牌都已备好/连哈尔基季基宝剑/腰带和皮胸甲也是不计其数。"(选自弗拉恩约的德译版)阿尔凯奥斯在其中介绍了某位无疑十分富足的公民家中的军械库;这位诗人应该属于其家乡小岛上的贵族阶层。尽管有所夸大,但他拥有的军械装备却应该也是很多重装步兵必须具备的基本武器,这些装备就是他们所需的全副武装(panoplie)。诗行间洋溢着作者对装备齐全的军械库中,自己精心保管的财产的自豪感和骄傲感,这些私人武器几乎成了珍藏的陈列品;而从诗人的这种态度也可以看出,当时希腊城邦中享有较高地位的公民从心态上来看都是非常好战的。不过当时并不只有贵族拥有如此精良的武器装备。随着人口和经济的不断增长,中产的自由农民也有能力添置这些基本武器,这也就意味着,他们有能力在发生战事时为自己生活的城邦共同体的繁荣发展而战斗。从前的战事大多是贵族氏族之间发生的私人斗争,而现在却渐渐成了整个共同体的事务。

参军作战成了一种公民集体精神；而公民是否具有参与政治决定权的资格也往往与其是否有配备相应武器装备的能力相关。当然，武器配置的质量上还是有一定差异的：公民越富有，就越能购置更精良的武器。而普通士兵的武器可能通常是继承遗产后得来的，其得到的包括原本该量身而制的钟形护胸等武器装备有可能就会有一些小问题。

如果没有能力配备全副武装，就不能参加步兵方阵。在城邦中，穷人的人口比例最大，他们要么不参战，要么就是作为轻装备士兵上战场，他们只有一部分必备武器，其余则用石块、弹弓或弓箭等简陋武器来作战。整体上来看，能作为重装士兵参战也象征着较高的社会地位。因此，进入所在城邦的步兵方阵也成了很多人的追求。

古希腊各城邦的规模大小不一：人口最密集的城邦雅典在公元前5世纪时拥有50000男性公民，但有些城邦内却只有几百，与之相应地，它们所能招募到的士兵自然也更少：按照修昔底德的记录，雅典在其鼎盛时期，即公元前431年伯罗奔尼撒战争开始时，最多能动员13000名公民作为重装备步兵参战，而小城邦的军队规模则要小很多。从资料来看，当时只有一小部分公民是属于重装备步兵的，为了增强军队实力，一些城市会招募一些没有公民权利的客籍民（metoikos）参战，尤其是在雅典，这些自由居民人数众多，而且他们也拥有一定的财产，有时城市间也会组成联盟参战。古风时期和古典时期的大部分希腊军队都是由多个不同城邦的军队联盟组成的，对很多共同体来说，为了确保自身拥有一定的防御能力，是非常有必要和其他共同体开展合作的。和如今的军队规模相比，包括同公元前5世纪希腊人的主要对手波斯王朝所拥有的军队实力相比，当时希腊军队的规模是非常小的。10000人的重装备军队在那时就已经是大部队了：如果按照八列阵形来布阵，那么，理论上来说，每一列就需要1250名士兵。当然，事实上一般并非如此，实际的军队规模与之相比要小许多，而且在排兵布阵上也很少会完全遵照这种教科书上的标准。战场的地形、双方军队的人数以及指挥官的布兵列阵方式都会影响军队的实际规模。

统帅们会根据士兵们的装备和队伍来布兵，步兵方阵的战斗方式就在于尽可能同时且快速地从两侧攻击敌方军队。为了避免作战阵形被早早打乱，可以确定的是，在斯巴达军队中，当然可能也会在别的军队里，都有一名用来指挥行军节奏的吹笛人。战士们在行军时还会高唱战歌。这样一支大步前进的重装备步兵队伍，尤其是当他们身上的盾牌、头盔等装备上满是各种令人触目惊心的装饰图案时，这样的场景，以及那振聋发聩的声声战歌，都会给对手造成巨大的心理震慑。在互掷标枪的作战阶段之后，便是前沿方阵的近身搏斗，此时，最关键的是士兵们强有力的攻击以及灵活的身手，当前方士兵激战正酣时，后方步兵方阵则会给对手带来极大的身心压力。人们必须在战场上压制住对手，至少也要打乱敌方队伍的阵形，同时尽可能保持己方军队的防御阵形。士兵们先是用长矛作战，或刺杀或投掷，接着便会挥剑作战，在激战一阵之后，如果战况依旧胶着，难分上下，方阵阵形就不得不分散成小团队作战以及近身搏击。而此时，一般是人数上占优势的一方会取得最后的胜利。战斗接近尾声时，便是逃亡和追杀，而一旦对方逃跑时把盾牌丢弃在后方，负责追击的步兵便很难追上去将其擒获。

整齐划一且封闭式的队形以及缺乏灵活机动性的行军方式使得指挥官们在战场上作战时很难灵活地指挥队伍，他们大多会在阵形右翼作战，并且要身先士卒为其余战士树立榜样。当然，指挥官们可以在战前准备阶段通过组织后勤补给、鼓舞人心的行动及言论、占据有利地形、进行伪装、选择战场以及确定作战时间等方式来做出各种对战事结果产生重要影响的决定。除了身体素质及勇气之外，重步兵方阵的作战方式对战士个人所具备的纪律性、坚定的信念也提出了很高的要求，同时他们还必须能承受这种作战阵形带来的压力。古风以及古典时期的重装备步兵——如上文所述——一般都是民兵，他们并不需要凭借作战本事来混饭吃。我们无法确定当时是否会开展军事训练；除了斯巴达之外，在大部分城邦中，这种训练至少在公元前6世纪—前5世纪时应该还是自愿参加的。我们也无从得知当时的农民、贵族和手工艺人是如何被集结成一支极具战斗力的军队的。不过我们可以推测，队伍中人数最为可观的农民在身体素质上肯定能承受住重装备步兵方阵的作战强度。贵族或有钱人则有更多闲情逸致去参加体育锻炼、狩猎以及跳军舞，而这些人则会成为军队中的领导层。

要在战场上打胜仗，除了人数上的优势，军队的士气和骁勇善战也是最关键的要素：一旦身陷战场，每个人出于本能首先便倾向于逃避危险，而不是奋勇拼杀或集中注意力以便更精准地锁定目标。而重装备步兵方阵则正是一种用来有效避免此种人类本能行为的组织方式，在这样一个封闭式的作战阵形中，战友们并肩作战，而且也能深切意识到，如果脱离掩护彼此的阵形做了逃兵——在这样的阵形中，战士们会用巨大的盾牌来掩护自己和战友——不仅会对自身不利，也会给战友们带来危险，而且将来也会受到社会共同体中其他人的鄙视，这样的压力也使得战士们能克服自身的恐惧心理。鼓舞士气是至关重要的。从斯巴达哀歌体诗人提尔泰奥斯（约公元前640年）所作的诗歌中就可以看出那时是如何对士兵进行思想动员的，当斯巴达和附近的迈锡尼开战时，诗人一再地在自己的作品中强烈呼号，鼓舞同胞们奋勇战斗——而且还毫不犹疑地向读者们大肆宣扬勇猛作战、马革裹尸要比逃跑求生更值得歌颂："真正的勇士在行进的队伍中奋勇向前/骁勇厮杀，英勇获胜/偶有牺牲却能救得后援步兵/较之逃兵，其荣耀之行为便是美德！"（选自弗拉恩约的德译版）诗行间透露了战士之间相互依存的关系，临阵脱逃是被唾弃的耻辱行为，而下文则歌颂了正确的做法："站在原地不要动，强有力的双腿稳稳撑住/把双脚扎进底下的土里，牙关紧紧咬住/抬头挺胸，绷紧双腿/用青铜盾牌护住薄弱的胸腹/右手紧握矛柄猛力挥舞/头盔上的翎饰在头顶飘扬，盛气凌人/只有经过英勇作战才能真正学会战斗/人人都手握盾牌，无人从枪林箭雨中退缩/而是高举长矛步步逼近/或是挥舞宝剑直指敌人。"早在荷马作品中就已经把战场上的荣誉视为一种基本价值观,而这种荣誉一直以来都是备受推崇的,人们用各种鼓舞人心的话语来提醒士兵们在战斗中要坚定不移、勇往直前。提尔泰奥斯号召共同体中的同胞和战友们,战斗的个体要"和自己的战友并肩作战",因为只有如此,一个男人才能"在战争中表现得英勇无畏"。而人们由此得到的褒奖可能是故土和家人的感恩,也可能"在前线作战中阵亡/为同胞、家乡和自己的父亲带来荣耀",他的马革裹尸也会得到同胞们永远的尊崇。荷马史诗中标榜的英雄个人主义价值观现在被集体化了,而战争也不再是为了替贵族们赢得荣耀,而是为了维护全体公民的荣誉。当然,提尔泰奥斯的诗作也表明,当时的人们并不会主动奋不顾身为城邦作战,诗人的呼号更像是为了确立斯巴达人的战争观。在这些城市国家发展的早期阶段,它们并未像后来的繁盛时期一样成为人们心中理所当然的归属地。

重装备步兵方阵最大的战略优势在于队伍的封闭性,能在行军打仗过程中激发战士们最大的战斗力和士气,就算是最胆怯懦弱之辈,一旦身临如此阵仗,也会士气高涨奋勇杀敌。一般非希腊地区的军队当时在装备上要更差一些,而重装备步兵统一化的武器也更凸显了他们的优势。当然，重装备步兵方阵也要面对一系列的问题：为了全面发挥作战优势，他们需要把一览无余的平地作为战场，但在多山的希腊地区，这是非常难以实现的。同时，为了保证军队在行军过程中，尤其是在作战时保持阵形，就需要十分严明的军纪，但那些从自由公民中招募而来、很可能没有经过太多训练的士兵却无法严格地遵守这种军纪。行军打仗时的这种重装备步兵方阵是一种以右侧为重的队列阵势，因为队伍中的每个士兵都会下意识地寻求右侧战友的保护，以期用他们的盾牌来防护自己没有遮拦的这一侧。这种步兵方阵在排兵布阵上是很死板的，由于缺乏灵活性，对于突发的新状况和变故无法作出迅速的反应。当然，其最大的劣势还在于侧翼的防御能力不够。要是有队伍从侧面快速突袭或利用人数优势展开攻击，步兵方阵很容易就会被破坏。从历史学家希罗多德的作品中也可以看到，波斯统帅马多尼乌斯也发现了希腊重装备步兵方阵的缺陷，认为这种作战方式非常蠢笨拙劣。不过出人意料的是，希罗多德后面笔锋一转，提到马多尼乌斯最后在普拉塔亚战役（公元前479年）中恰恰是被这种方阵击败并丧生的。

尽管存在这种巨大的缺陷，但重装备步兵方阵在几百年间一直都是希腊军队作战的首选战术，其根本原因应该是希腊军在作战中，尤其是在对阵非希腊地区的军队时，多能凭借此战术保持所向披靡。在罗马人出现之前，希腊人几乎找不到势均力敌的对手。同时，重装备步兵方阵中平等化的行军队列也符合作为自由公民自治管理的共同体中，城邦内部号称平等自由的社会结构和政治组织体系。在这样的队伍中，公民找到了适合自身的作战方式。

当然这并不表示当时希腊军队中只有重装备步兵这一兵种。尽管众多文献资料都在强调步兵的重要性并有倾向地忽视了其余兵种，但很明显，除了重装备步兵外，当时军队中也有轻装备步兵或骑兵。前者可以用远程武器，比如弹弓、箭矢或石块等攻击步兵方阵并试图扰乱对方阵形，而后者尤其适用于侧翼的防御以及追踪敌人。由于希腊地区土地贫瘠，饲养马匹在当时是极为奢侈的，也只有富贵家庭出身的人才能成为骑兵。马匹更像是身份地位的象征，而不是用来作战的装备——比如在奥林匹亚运动会期间，用马匹拉着车辆进行比赛就是特别荣耀的赛事。整体来看，骑兵的数量是非常稀少的；只有在拥有大片肥沃平原的色萨利和马其顿地区，骑兵人数才相对可观些，能组成一支重要的作战队伍。

当然，打仗还少不了神祇的影响，人们在发生战事时都会寻求神明的庇佑。军队在每次离开自己的领地出征前，都会进行祭祀，如果必须出征打仗，就必须确保祭祀活动一切顺利。通常人们还会占卜战事是否大捷，占卜中的征兆暗示着某场战役或战斗的可能结果，或给出提示表明某种军事策略是否正确或某个行动时间点是否为最佳时机。在希腊军队中，能解读此类预兆的占卜师并不少见。每次开战前，往往都会进行集体祭祀或祈祷活动；派埃昂（Paian①），也就是每次开战前都会高唱的战歌，最早就是献给某位神祇的赞美诗。

在对待敌人方面，希腊军只有寥寥几条规定，其中就包括战败方可以要求战胜方交出己方牺牲士兵的尸体并以此表示投降。其余规定还包括战胜方可以在战场上竖立标志胜利的纪念碑（Tropaion），通常也就是一根木桩，上面挂着缴获的部分武器，还会刻上文字用以记录这场大捷。感谢神祇也是其中一项重要活动，一部分战利品——大约十分之一——会被献给神庙。

在古风和古典时期的希腊军事活动中，一旦和防御能力极佳的城市或地区作战，希腊军队的弱势便会显现出来。直到公元前4世纪之前，希腊军队几乎没有装备任何能直接攻夺城池的装备；对民兵队伍而言，长时间

---

① Paian，古希腊的一种歌曲。——译者注

的围城行动耗资巨大，而如果城中没有内应，为了夺取城池，长期围城迫使城中的敌人因缺粮而投降往往是唯一的方法。不过围攻者也要面临诸多问题，比如在伯罗奔尼撒战争中（公元前431年—前404年），雅典人就在长期被困之下退居到了连接雅典和比雷埃夫斯海港之间的"长城"之后，被迫放弃大片土地寻求通过海域来获得补给。当然，放弃大片城池屈居在狭小地区的雅典人也为此付出了极大的代价，公元前430年—前429年间，由于卫生条件太差，瘟疫大肆流行，很多被困者因此丧生。

第三章

雅典及其海军：夺取海上霸权

公元前5世纪，希腊军事力量中的两个特殊地区——雅典和斯巴达，发展成了势均力敌的城市国家。它们也由此成为希腊地区最具影响力的两股势力，双方在当时都赢得了决定希腊军事史走向的小范围战役，依靠各自不断扩张的联盟体系，在希腊地区一步步形成了两雄争霸的对峙局面。

雅典是当时人口最密集的城邦，不过直到公元前6世纪，还尚未在希腊地区拥有足够的政治影响力。但随着雅典在和波斯远征大军的马拉松之战（公元前490年）中告捷，以及在萨拉米斯海战（公元前480年）中打败波斯海军主力之后，形势就开始转变了。希腊海军能在萨拉米斯海战中取得胜利，主要归功于主力军雅典的战绩。从公元前490年开始，雅典凭着开采阿提卡南部地区劳里昂银矿所得建立了一支全新的海军，随即也一举壮大成为称霸希腊的海军势力。在荷马时代，海盗是一个被众人接纳的行业，到了公元前600年，除了中东地区的航海家之外，爱琴海地区的希俄斯、萨摩斯和科林斯等希腊城邦就已经形成了庞大的海军力量；不过雅典的海军发展要滞后一些。雅典在建立海军的过程中，广泛使用了一种三桨座战船（Trière），这种船应该是公元前6世纪下半叶地中海东部地区发明的，是一种拥有先进技术的战船，由交错排布在上中下三层总计170名桨手驱动。战船船头安装有一个青铜制的大撞锤，舵手会操纵撞锤，尝试从侧面撞击敌方船只并将其击毁。这就意味着舵手必须拥有高超的船只操控技术，能让己方战船完美地实现九十度变向转弯，朝敌方船只的侧面全力冲撞。为此，战船必须便于操控且能在瞬时加速，而三桨座战船正好符合这些条件，因为它的船身非常狭长，且拥有人数众多的桨手，能在短时间内达到极快的速度。为了加快速度，三桨座战船上还配置了船帆，可以减轻桨手的负担，让他们更好地保存实力用以作战；当然，一旦开战，船帆就会被收起来，因为张帆行驶反而会妨碍舵手精准、快速、机动地操控船只。三桨座战船的缺点在于船身木料很快会因为吸水而变得沉重，因此，人们会在夜间将船只拖上岸晾干，以便第二天能更好地操纵战船，重新发挥其机动轻便的优点。晾干船身只需要一片平坦的海滩即可，不过这种战船很容易受损，经常需要进行大规模整修，因此就得有一个安全的港口，并配置特定的船库。

三桨座战船是一种撞击型的武器，其作战策略是利用固定在船艏的撞角来攻击敌船。船务人员由在航海中各司其职的不同船员组成，其中包括船长、舵手、一名负责指挥舵手的舵手长、一名控制舵手划桨节奏的吹笛人、一名随船木匠、一名会计以及几名水手。水手们负责扬、收船帆，把渗进船只的水排出去，或者解决其余突发事件。除了这些常见的船员之外，船上还会有一些军人，确切地说是每艘船10名配备了重装备步兵武器的精锐海军战士，另外还有4名弓箭手。全部人员加在一起约是200人——和早前的战船相比，无论是人力和耗费上都节省了很多。

三桨座战船适用于作战，但明显无法装载货物，最多也只能随船携带一天的粮食。因此，在希腊海军舰队中，除了这种战船之外，还有一些负责运输人员、物资和马匹的船只。这样一来,海军的货物装载运输能力就得到了大幅提升,可以让舰队在本土港口之外的水域进行长期作战。修昔底德的作品中曾描述公元前415年庞大的雅典舰队前往西西里岛作战的情形,提到了这种后勤物资补给舰队及其强大的供给能力:"随军出航的还有30艘粮船,船上装满了军队所需的粮食物资,随船还有面包师、石匠、建筑工人以及所有围攻城池所需的武器装备,货船边上还跟着上百艘征用来的小船,另有无数小船和货船自发跟在舰队后面出行。"(选自兰德曼的德译版)

无论是在各艘战船的指挥,还是协调后勤来为整个海军舰队补给方面,海战都对桨手和战士们提出了更高的要求,他们需要接受相应的操练,以获得必备的技能和理论知识。雅典海军会进行定期训练,一方面可以由此熟悉水域,另一方面也可以增加相关经验。因此,凭借受过更好训练的船员和战士,雅典海军舰队在公元前5世纪时就已经远超对手,到了公元前4世纪,尽管雅典在伯罗奔尼撒战争中溃败,但其海军还是很快恢复了优势。总而言之,古典时代的雅典军事实力正是来自其强大的海军力量。

除了军事作战中严格意义上的海战之外,海军作战最大的难题还在于从本土保证相应的后勤补给以及组织动员海军士兵。一只庞大的舰队可能拥有上百甚至更多的船只，这就意味着需要招募到20000多名士兵。此外还需要一些备用船只，由于尚不能出海航行，就需要将其安置在相应的码头中。从流传下来的碑文上可以看到，雅典在某几年间最多曾拥有约400艘船只。这就需要建设足够的港口和造船厂，并确保足够的木材供给；同时还需要制造船只、帆具、船桨、船锚和缆绳，招募水手并分配相应工作，储备粮食，筹措、支付军饷等等。这些装置和设备主要由雅典的富人资助，这也是他们在共同体中必须履行的义务，即服公役（Leiturgia），他们有责任自筹经费提供船只。对个人而言，尽管能因此成为所资助船只的名誉船长，也就是三桨座战舰舰长，但对他们而言这同时无疑也是一笔沉重的负担。船只要听从城邦的统一调配，因为在舰队能出海作战之前，还有很多别的事项需要准备，雅典在此期间倾其所能筹建海军，还成立了很多相应的委员会。随着整个雅典城邦全面扩建海军，毫不意外地，公元前5世纪期间，尤其是在比雷埃夫斯港口附近，各种服务于航海事务的行业发展欣欣向荣——从造船木匠到船帆制造工，从锻工到码头姑娘。

雅典大力发展海军的最大获利者便是其四等公民（Theten），也就是没有土地、处于最下等阶层的民众。他们在港口和船上找到了养家糊口的新机遇，在此之前，因为缺乏资金配置必备武器，他们极少有机会能参加军事行动。正因为海军舰队的扩建，这些公民可以在战船上当桨手，为雅典的军事成就也出了一份力，这对其作为公民的自我意识以及自身政治能力都产生了巨大的影响，增强了他们自身作为雅典公民的认同感和归属感。不过为了补充军力，还需要招募更多人手，于是，当局把目光投向了客籍民——来自其他地区，但居住在雅典的公民——以及来自联盟城市的外乡人，除了雇佣他们为桨手外，紧急状态下也会从奴隶中招募人手。

公元前478年，雅典大胜波斯后，其海军舰队以及四等公民作为最重要的军事力量实力倍增，雅典也成功组建了一个包括爱琴海诸岛、希腊北部众多共同体以及西小亚细亚希腊人民在内的联盟。其最初目的是为了共同抵御波斯，阻挡其进军爱琴海地区，但渐渐地，联盟成了其最大成员——占有绝对统治地位的雅典——进行霸权统治的工具。尤其是在联盟地区除了为联合舰队提供船只之外，还可以通过向雅典支付费用来替代这一义务后，雅典的霸主地位更加巩固。大部分联盟成员，尤其是一些小成员，都更倾向于提供资金而不是船只，这么一来，凭借他们资助的费用（phoros），雅典更是得以大肆扩建海军舰队，不仅在对外方面起到了卓有成效的恫吓作用——到公元前450年，波斯人开始承认爱琴海地区是雅典的势力范围——而且对内也成为一种暴权专制统治的工具，联盟成员有时候甚至不得不违背自身意愿服从雅典的统治。

随着雅典海军舰队的逐步扩建和作战能力上的所向披靡，希腊地区的军事势力划分也变得前所未有地错综复杂，不仅需要面临组织问题上的各种新挑战，军费需求也急剧上升。民兵需要领军饷，维修保养船只、雇佣船员也都需要巨资投入，这也就意味着只有拥有足够的资金才能取得战场上的胜利。雅典的军费主要来自海军同盟、贸易、港口税收、银矿和战利品；另外，上文也曾提到，资产丰厚的雅典公民有义务服公役，按规定向共同体缴纳相应钱财物资。公元前5世纪，雅典的军费收入要远超其他城邦，足够其维持多年战争期间的军用开支。不过到了公元前4世纪——尤其是雅典在伯罗奔尼撒战争中全线溃败（公元前404年）以及由此丧失海上霸权后——雅典在推行海军扩建政策中一再陷入经济困境。舰队的规模和实力也因此被大大削弱，不过尽管如此,雅典依旧是当时爱琴海地区最强大的海上霸主,只是其原本凌驾于对手之上的优势正在逐渐消失。

随着灵活放宽四等公民加入海军舰队的政策,雅典充分利用了自己在人口资源上的优势,也因此有能力维持舰队所需的庞大人力投入。不同于重装备步兵方阵,加入海军舰队并非强制性义务,而是自愿的,但因为收入稳定而颇具吸引力,在招募人手方面完全没有问题。和领导层一样,四等公民们对于扩张正逐步建立的海上帝国以及由此带来的各项利益也是野心勃勃。舰队中的决策人员一般就是三桨座战舰的舰长,对他们而言,战争就是赢得荣誉、威望和影响力的有效途径,能让他们在政治上获得丰厚利益。

在海军事务上,有时候出征的并不完全是希腊军队,但尽管如此,在古典时代的希腊,尤其是在当时的雅典,军事事务都与城邦公民息息相关。他们有义务服兵役,也由此组成了军队当中的主力军——不管是海军还是陆军。同时,他们也在政治上左右着军事力量的投入。城邦中的相关机构决定了何时何地以何种方式和谁开战。在雅典的民主政体中,最举足轻重的便是公民大会,在公元前5世纪,雅典的所有公民都有权在大会中投票。在政治或社会事务上拥有独立决定权的军事机构或自治部门在当时并不存在。政治和军事事务是密不可分的。当时的大部分雅典公民都承担着多重角色：不仅要作为士兵或桨手执行命令，还是政治决策的参与者，也就是能自主决定自己参与的军事事务。

当然，作战还需要最高指挥官，民众信任他们，把军事上最重要的职务交付这些人。在古典时期的雅典，那便是十将军，即历年公民大会选举出来的代表，不过与推选流程相关的具体细节不为人知。十将军要负责统筹制定规划来实施公民大会决定的作战计划，同时也必须汇报各项军事行为和后果，这也是公民大会将他们推选出来时赋予他们的职责。这就意味着相应的军事决策有可能带来致命后果：一旦人民和公民大众认为这些统帅们要为原定军事计划的失败，以及最终由此导致的战事不利承担全部责任，那么，这些铩羽而归的将军们甚至可能会被判处死刑。尽管可能要承担如此致命的风险，但事实上，人们似乎还是会不遗余力地寻求一再连任十将军的职位。对雅典上层社会那些野心勃勃的大人物而言，这个职位是相当诱人的，他们都想手握大权发号施令。

雅典十将军并未构成独立的最高军事指挥部，他们——单人或多人——会分别被公民大会赋予执行具体军事任务的使命。不过在公元前5世纪,十将军的政治影响力还是非常大的,他们在议会或公民大会中随时都有发言权,可以汇报自己的军事任务,或者给出建议、提起申请等。因为有可能重复选举,而且事实上真正具有军事才能的统帅——和如今一样——确实少之又少,所以有不少人会连任这个职位。在当时的雅典,别的高级官职都不可能连任,但十将军却不同,这也为他们在政治上产生持续影响力提供了平台。雅典政治家、军事家伯里克斯(约公元前490—前429年)便是其中一位颇具盛名的统帅,此外还有公元前5世纪的克里昂和尼基亚斯,以及公元前4世纪的卡利斯特拉托斯和福基翁都曾连任十将军的职位,他们也因此拥有极高的政治地位。这样的风云人物对雅典的军事事务和民生政治都有着举足轻重的影响。

每年只选举出十将军并不仅仅是出于军事上的考量,而是结合了当时的社会结构等前提条件。雅典的公民来自十个部落(Phylen),它们承担着政治、宗教和社会方面的事务,从每个部落各选出一名将军,这样就能均衡地代表各方利益,也确保十将军委员会能更好地代表各地公民。

每个部落除了要推举出一名将军之外,还要组成重装备步兵方阵中十分之一的队伍。这也是步兵队伍招募人员时分配的名额标准。在雅典,除了海军舰队之外,步兵仍是最重要的军队组成。由此可以判定,每个部落的士兵会在军队中各自组成一支队伍。每个健康的公民到了服兵役的年龄,不管享有怎样的社会地位,都必须和部落中其他成员一样履行自己作为公民的军事义务,尤其是在战事激烈、生死攸关的时候,这种做法更能促进各个队伍的精诚团结以及士兵们对共同体的集体认同感。

公民意识和骁勇善战是决定战事的一方面,而十将军履行的职责任务又是另一方面——不过这些都并不仅仅局限于让他们统帅战场上的军队。十将军的首要任务便是保障队伍的后勤补给。尽管在征兵时就会下令让重装备步兵们随身携带三天的粮食,但若是战事持续时间较长而且战场在城邦之外的话,负责此次战役指挥的将军就必须确保战士们能在邦邻地区的集市上购买或是通过掠夺来获得食物——不然他就得自己设法筹措粮草。另外一个难题便是如何确保淡水供给。军队得驻扎在泉、河或蓄水池附近,这样才能让战士们把自己的水袋灌满。

在一支由民兵组成的军队中,由于公民们在日常生活中享有极大的政治参与权和决定权,这就使得必要的军纪在执行过程中往往会遭遇阻碍。雅典十将军尽管拥有处刑权力,不过他们要是不想回去之后面临司法诉讼的麻烦,往往就不得不睁一只眼闭一只眼。尤其是一旦战事失利,十将军为了维持军纪、调动士气,在言行上更得成为军队的楷模。平衡各方心理的领导能力和军事才能一样重要。

尽管在公元前5—前4世纪,军事生活在普通雅典公民的日常生活中有着重要影响,但在雅典推行的对内和对外政策中,民生、国家制度、文化和宗教才是最重要的。

第四章

斯巴达：公民即战士

与雅典不同，古希腊时期的斯巴达向来被视作完全军事化的国家。历史学家色诺芬（约公元前425—前355）认为，只有斯巴达人才真正懂得军事技术，而其余学者则将斯巴达视作一个军事训练营。按照这种观念，在伯罗奔尼撒半岛东南部的这个城邦中，所有的日常生活都是为了能在战场上告捷，第一政治要务便是满足军事上的所有需求。事实上，从公元前7世纪至公元前4世纪，斯巴达确实取得了重大战事上的胜利，而且很多时候和其余城邦相比也着实体现了他们在军事上的领先地位。从公元前6世纪至公元前371年，斯巴达在伯罗奔尼撒半岛上的优势是非常明显的，而且还逐步获得了整个希腊地区的霸权统治地位。不过在斯巴达人的生活中并不只有战争,他们的政治体系也并不像有些人假设的那般僵化死板、平均主义化。斯巴达也有社会差异和变革;而且斯巴达人的生活也没有像如今有些俗语中描述的那般清贫节俭,他们生活在希腊最富庶的地区之一,也经历了和其余地区一样的发展。自从斯巴达打败美塞尼亚并将其民众农奴化(Helotisierung①)之后——美塞尼亚人被剥削、被压迫并被彻底剥夺了所有权利——斯巴达人自然要面临新的挑战:被压迫的美塞尼亚人并未真正接受自己的命运,潜在的不安定因素时刻存在,还曾多次爆发反抗和起义,为此,斯巴达人不得不时刻做好作战准备,以便在紧急情况下用暴力手段维护自身地位。这种无所不在的军事化状态也使得斯巴达人的生活有别于大部分海伦人②。

重装备步兵方阵之所以能所向披靡,有些价值观——比如坚定不移、个人服从集体或者勇猛无畏、战胜恐惧心理等——是至关重要的,而斯巴达人尤为重视培养这种价值观,这也意味着上文提到的诗人提尔

---

① Helotisierung,使之成为希洛人,也就是古斯巴达的农奴,其身为国有。——译者注

② 海伦人,希腊人古称。——译者注

泰奥斯能在斯巴达备受推崇也许并不是偶然现象。他们鄙视懦夫，极度推崇坚韧不屈和不顾生死的战斗精神。

和其余城邦一样，斯巴达的社会结构也反映在他们的军事组织中，这是一种相对固化的等级划分：斯巴达人是全权公民，这是由他们的出身决定的。为了获得这一地位，他们还得满足其余前提条件，比如完成特殊的斯巴达式教育、特定的成人仪式以及参加集体中的共餐制（Syssitien），不过共餐制对个人来说无疑是巨大的经济负担。从公元前7世纪至公元前5世纪中叶，斯巴达人是军队入伍新兵的主力军。

在古典时代，斯巴达人的军事角色是非常多样化的。在孩提和青少年时，他们必须在阿戈革（Agoge）——斯巴达对男孩子进行的一种教育——学习战斗的基本技能，同时，阿戈革还是锻炼意志和进行纪律教育的训练营。众所周知，这也是古希腊最严苛的一种社会化训练机制。年轻的斯巴达男孩们所接受的军事训练中，最重要的便是克里普提（Krypteia[①]），他们全副武装，只带一点干粮在各地巡逻，白天四处藏身，到了夜间便现身杀死他们遇到的希洛人。男孩子们就用这种如今看来

[①] Krypteia，一种斯巴达青少年集体参与的秘密恐怖行动。——译者注

令人毛骨悚然的方式完成历练成人、成为全权公民的过程。随后他们便能作为公民大会的一员参与决定战争与和平相关的各项事务。一旦到了被征召入伍的年龄,他们就必须拿起自己的武器加入军队。作战时,他们可能会身穿红色的战袍,因为斯巴达人认为这是属于男性的颜色,而且万一染上血迹也不容易被辨认出来。他们蓄着长长的头发,以便看起来更加高贵、气宇轩昂,也能更好地吓退敌人。和其余战友一样,他们手持的盾牌上也刻着一个大写的 L[①]。斯巴达人凭借这样的作战装扮给对手造成了震撼的视觉冲击,而斯巴达重装备步兵方阵也试图以此来吓退敌人,在作战之前就摧毁对方的士气。斯巴达人时刻都能自信满满地投入战斗,因为他们相信,任何敌人都没有接受过像他们那般良好的学习和训练。

大部分斯巴达人的生活依赖于自己拥有的一块田产,由希洛人负责耕作。全权公民很有必要拥有自己的田地,这样他们就能有更多精力参与战争相关的事务,这也是斯巴达不同于其他希腊城邦的地方。包括共餐制的最终目的都是服务于战事:按照希罗多德的记录,约15名斯巴达人组成一个这样的就餐共同体,这同时也

---

① 即 Lakedaimonioi,拉克岱蒙人,也是斯巴达人的另一种称呼。——译者注

是军队的最基本单位。在亲密的共同生活中，每位斯巴达人都能更好地了解战友，包括其个性、行为方式等——同时这也是相互间的一种高度监督。这种方式在一定程度上也有利于维护斯巴达军队中小团队的团结性，并由此增强其作为作战团队的战斗力。

尽管拥有以上种种优势，并在众多战役中获得大捷——尤其是公元前404年在伯罗奔尼撒战争中大败对手雅典后，斯巴达的军事成就更是到达了顶峰——但同时，他们也不得不面临越来越多的问题。自从公元前479年在普拉塔亚战役中大战波斯人之后，斯巴达的人口数量就开始下降。普拉塔亚之战中，参战的斯巴达士兵约为5000人，到了公元前394年对阵彼奥提亚的尼米亚之战中，投入战场的斯巴达人就下降到了约2000人，而到了公元前371年的留克特拉战役时，只剩下约700人，斯巴达在此战中被忒拜①打败的同时，也渐渐失去了其原本在希腊地区的统治优势。尽管当时并未征召全民入伍，但人口数量的下滑还是显而易见的，不过其原因尚无定论：折戟战场，结婚人数减少，生育率低下，人口调控不当，普通斯巴达人承担的经济压力过重以致其无法履行相应的义务，尤其是在公元前460

---

① 又译底比斯，下同。——译者注

年发生大地震及其后几年中希洛人暴动,都是造成斯巴达人口下降的原因。

对此,斯巴达也采取了相应的措施,他们培养、训练了更多民众加入军队,首当其冲的便是庇里阿西(Periöken①),这些人拥有人身自由,但在政治上没有任何权利,他们应该是所在地区的原住民,但随着斯巴达人在拉哥尼亚地区的日益扩张,他们便逐渐丧失了原本拥有的政治独立性。边民很早就被招募进了斯巴达军队,可能早在伯罗奔尼撒战争时就和斯巴达人一起编入了相应的行伍中。除了边民之外,同样被征召入伍的还有那些出于某些原因——比如无法继续履行经济义务或出身在斯巴达人和边民、希洛人结合组成的家庭中——不是(或不再是)全权公民的民众。到最后,斯巴达人还从原本只派作轻装步兵的希洛人中,挑选值得信任的士兵加入了重装备步兵方阵。获得自由的希洛人甚至慢慢拥有了自己的军事团队,至于他们在斯巴达的军事行动中占有多重要的地位,目前尚未有定论。

学界在研究斯巴达军队的组成方面同样也存在不

---

① Periöken,边民,即被斯巴达征服的边区城市中的居民,为自由民,在本地有自治权,但没有斯巴达城邦的公民权,主要务农,也有从事工商业的。——译者注

少争议。其军队主力定然是步兵；海军方面，直到伯罗奔尼撒战争的最后阶段，斯巴达从同盟的波斯人那里获得资金后，才组建了一支颇具规模的舰队。同时，某位古希腊罗马历史研究方面的权威专家认为，在斯巴达军队中，骑兵只是锦上添花的少数，影响力有限。斯巴达人——这也是众所周知的——主要是作为重装备步兵以方阵的形式作战，从史书中也可以看到，这些方阵会被细分成不同的单位。斯巴达人在划分方阵队伍时是非常精细的，其军队编制可能在公元前5世纪中叶进行过一次改革，以便更好地适应上文提到的人口减少问题，同时也是为了应对希洛人以及当时日益强盛的雅典给斯巴达带来的压力。重装备步兵方阵最初的最小构成单位是共餐制中大约15人的小团队，其上便是特里卡达斯（Triakaden），约为30人。最大的方阵单位是洛库思（Lochen），由479人组成，其中大约有一半是斯巴达人，另一半为边民。洛库思中的士兵都是从斯巴达最早的5个部落招募来的。

考虑到人口数量下滑后，这种方阵单位的划分方式就被弃用了，斯巴达开始把边民和斯巴达人编入同一单位，同时按照年龄来招募士兵。在关于伯罗奔尼撒战争的文献资料中，我们可以看到，莫拉（Mora）成了当时最大的方阵单位，一个莫拉一般由 4 个洛库思组成，而每个洛库思又由 4 个潘泰库斯图斯（Pentekostyes）组成——一个潘泰库斯图斯人数约为 50 人。当时军队编制的最小单位是伊诺莫提亚（Enomotie），每个单位平均约为 36 人。每两个伊诺莫提亚组成一个潘泰库斯图斯，由此可以判断，一个潘泰库斯图斯单位中并不一定就只有 50 名战士。一般认为，一个莫拉中有 576 名士兵。这些军事单位都有各自的指挥官，他们的等级与其职务相应，分别为洛卡古斯（Lochage），潘泰孔忒（Pentekoster）和伊诺莫提阿克斯（Enomotarch）。斯巴达军队被细分为各个相应的单位，明确了每个士兵在队伍中的位置，这也使得其在行军过程中拥有着极强的机动性。

希腊其余地区的军队组织结构都没有这般细化，这也表明，斯巴达社会的等级划分是非常明确的，与之相应地，如何有效地层层下达命令就变得尤为重要。斯巴达军队中的最高命令来自双王之一。在保留古代的双王制度上，斯巴达是希腊历史上唯一的特例。从古风时代（约公元前 700 年—前 500 年）到古典时代（约公元前 500 年—前 320 年）期间，希腊其余地区都经历了从君主制到贵族统治的变革，有些地区还施行了民主统治，但斯巴达却从未发生过这样的社会变革。斯巴达两位国王的指令会被一层层传达下去，快速传递给每位重装备步兵。凭借标准化的军事指令以及不断的军事演习，每一支斯巴达军队都能在战场上进行复杂的军事行动，其能力往往令其余希腊人惊愕不已，比如进行快速反击、朝左侧或右侧前进、将行军队形快速调整为战斗队形等，一般调整队形的目的便是把最精锐的队伍调动到前线对抗敌军；这些精锐队伍及其指挥官身先士卒，是其余战士效仿的榜样，他们能够激发战友的斗志，在形势不利的情况下稳定军心。斯巴达军队队形的灵活机动也使其在对阵大部分敌军时能更快速、精准地适应战场上的新形势。这也是斯巴达军队往往能够所向披靡、享有盛誉的重要原因之一。

良好的军队组织需要周到全面的后勤补给。斯巴达的军队中都有独立的手工匠队伍，所有的手工工具以及原料都会放在随军的手推车或驮畜上。来自拉哥尼亚附近山地的斯基里特人（Skiriten）单独组成一支轻装队伍，这些边民是先头部队，同时负责军营的守卫工作；在战场上，这支队伍有时也被编入具有重要战略意义的左翼方阵中。

尽管斯巴达拥有精密运作的军事组织、严苛的教育手段和不遗余力的军事训练，但仅靠斯巴达自身拥有的资源并不能使其发展成最强的城邦，并一步步取得希腊地区的霸权统治地位。不过到了公元前6世纪中叶，斯巴达和伯罗奔尼撒的大部分国家都签订了不同的双边军事协议，成立了伯罗奔尼撒联盟，这些国家都有义务支援斯巴达军队作战。该军事同盟政策使得斯巴达成功地扩大了自己的军事势力。在希腊城邦中，小国间经常会组成同盟关系，不过雅典和斯巴达一直都是其中的特例。

因此，在如今我们熟悉的很多发生在希腊的战役中——不管是否有斯巴达或雅典参战——作战队伍都是由不同国家各自派兵组成的同盟军。联军人数最多的可能是公元前479年对抗波斯人的普拉塔亚战役，按照希罗多德的记录，希腊城邦联盟的作战队伍由不少于31个城邦的战士组成。斯巴达人统帅的伯罗奔尼撒联盟在对阵劲敌雅典及其集结的第一次雅典海上同盟[①]的伯罗奔尼撒战争中经受住了最大的考验。

---

① 即提洛同盟。——译者注

第五章
伯罗奔尼撒战争的影响

历史学家修昔底德的作品是研究伯罗奔尼撒战争（公元前431年—前404年）最重要的史料。在他看来，这场战争是当时希腊历史上影响最大的事件，事实上这场战争几乎波及了地中海地区的希腊各国。修昔底德认为，这场持续多年的战争的惨烈程度是史无前例的，包括占领一座城池后处死所有男性居民，而女性则沦为奴隶，就算对未参战地区也是实行残酷的统治手段以体现自身的优越性，礼仪道德更是崩坏的，野蛮行径随处可见。掠夺粮食物资和烧毁敌方的农田果树等行为更是举不胜举。

伯罗奔尼撒战争之所以在军事史上如此重要，是因为这场战争大大改变了后来该地区的军事格局，在持续不断的多年战争中，希腊各城邦的实力均被大大削弱，使得外部势力——先是波斯，后来则是马其顿——在希腊地区的影响力日益增强。

尽管在大部分希腊城邦中，直到公元前4世纪之前，军事力量的最重要组成一直都是民兵，但在伯罗奔尼撒战争之后，人们开始招募外来的雇佣军充实军队或组建特殊队伍。最初是海军舰队需要足够的人手，而仅靠本国公民根本无法满足这么大的需求，所以才有必要雇佣军人来充当桨手。但随着战争持续时间越来越长，各地也开始雇佣外国步兵，尤其是轻盾兵（Peltasten），这些士兵手持的盾牌（Pelte）要比重装备步兵的盾牌小许多，而且他们携带的其余武器装备也要比重装备步兵轻便不少。这种武器装备最初来自色雷斯地区，人们也会从该地区招募雇佣兵，与重装备步兵相比，他们更适合在崎岖难行的山地作战。克里特岛上的居民向来擅长弓箭射击，各参战国也会花钱雇佣克里特的弓箭手。

伯罗奔尼撒战争之后，各地的雇佣兵人数急剧上升。当时最受非希腊地区雇主欢迎的自然是重装备步兵。很多来自阿卡迪亚或阿哈伊亚等贫困地区的希腊人，当然也包括一些失业的雅典人，都乐意加入雇佣军。经历了持续将近30年的伯罗奔尼撒战争之后,作战经验丰富、无法适应平民生活且乐意投身沙场、打算从中大赚一笔的士兵人数是非常庞大的。波斯国王以及其余来自东方国家的统治者们对这些战士都非常感兴趣,因为当地军队中没有这样的重装备步兵,而且他们也在多场战争中见识到了这些士兵的战斗力往往要胜过自己的军队。对希腊人而言,为地中海东部地区的君主作战也并非什么新鲜事:早在公元前6世纪,就有个别战士受雇为这些君主作战。不过早期的雇佣兵人数是非常有限的。但到了公元前5世纪至公元前4世纪,雇佣兵人数急剧上升,有时甚至整个军团都会受雇替来自东方的雇主们打仗,其中最出名的应该就是由希腊各地士兵集结在一起组成的万人军团,他们受雇于小居鲁士——波斯王子,同时也是王位争夺者——意图助他推翻其兄长阿尔塔薛西斯国王的统治。来自雅典的色诺芬就曾加入这个雇佣军军团,之后还专门写了一本书描述这场一直延伸到美索不达米亚的远征——《万人远征记》。在书中不仅生动地介绍了这支军团的作战能力和精神风貌,还全面地描写了希腊军团的用兵之道、军队组织结构和后勤补给情况。

在公元前4世纪,除了这些来自东方的君主以及一些较大的城邦之外,还有些城邦的专制统治者乐意雇佣外国军团。一般这些统治者的上位手段不完全合法,为了维护自己的专制统治,出于军事安全考虑,他们无法信任、调遣本国公民,反而更依赖外国雇佣军。

招募雇佣军最大的好处便是这些人随时可以上战场,作战能力强且经验丰富。他们作战时基本上可以不顾忌当地居民,只听命于雇主。当然也存在风险,万一这些雇佣军拿不到应有的酬劳,他们很快便会寻找新的雇主,因为能激发他们斗志的并不是——无论合法或不合法——战斗本身,而是能从中获得的报酬和收入。因此,失败或无力支付报酬的雇主便无法赢得这些雇佣军的忠诚或信任。有时雇佣军甚至会倒戈相向。与之不同的是,作为士兵的本国公民因为有权参与决定战事,是为了他们自己的理想和目标而战的,所以可能比雇佣军更愿意浴血奋战。目前无法估算当时雇佣军的整体规模。公元前4世纪时甚至形成了专门的雇佣军市场,比如伯罗奔尼撒半岛南端的泰纳隆海角就成了当时意图加入雇佣军的战士们碰头、交易的地点,不过需要注意的是,对希腊的各个城邦而言,雇佣军只是正规军的补充而已,直到希腊化时代[①],雇佣军才成为各地军团的主力。

---

① 公元前323年—前320年,即从马其顿国王亚历山大去世到罗马征服托勒密王朝为止。——译者注

伯罗奔尼撒战争带来了一系列的军事改革,狭义来看主要就是战斗武器和技术上的革新。当时的人们——有可能是在狄俄尼索斯(公元前405年—前367年)统治下的锡拉库萨——发明了弩炮,这么一来,攻城夺池时的胜算就大了许多。此外还出现了攻城锤这样的专业武器,能够迅猛有力地击破城门。随着军事技术的重要性日益凸显,当时各方军队都扩大了工程师团队的规模,军队里还增加了新的兵种,比如上文提到的轻盾兵。战事也因此变得日益复杂。忒拜统帅伊巴密浓达(公元前362年战亡)组建了所谓的斜形战斗队,极大地改变了重装备步兵方阵的作战方式:在原先的重装备步兵方阵中,指挥官一般都位于方阵右侧,但伊巴密浓达把方阵左翼改成了楔子形的队伍,阵形排布更深,目的便是径直攻击敌方阵形的右翼并在此寻找突破口将敌人一举击溃,为此,忒拜还组建了一支专门的精锐部队,即"圣军",这支队伍里的战士可以接受更密集的训练,战友间的关系也更加紧密,他们在心理和战斗能力上为应对危急任务做好了准备。其余城邦中也有类似的精锐部队,和雇佣军一样,这些部队的出现也意味着战争渐渐成了专业人员参与的事务。

与之相应地,各方对于系统化军事训练的需求也日益增强。从公元前4世纪开始，一系列军事类专业书籍的纷纷面世也充分体现了这种军事知识技能的革新。这些书作提出了许多相关建议，大部分都是针对军事指挥官以及主管军事事务的政客们意图加强理论知识学习的需求，其中有一些书作残篇留存至今。不过它们并不能代表当时这些军事著作的文学以及专业水准，确切地说，这些教材似乎并不是拥有丰富实战经验的军事家们所作，倒像是"纸上谈兵"的理论家们写的。不过从这些书作中也可以看到，当时这种急于提高作战水平的需求已经延伸到了各个领域：错综复杂的军事指挥，设置不同的兵种，解决后勤补给的难题，研究雇佣军和民兵的心理，设计各种能让人信服的战略并正确、切实有效地运用这些战术。在公元前4世纪，马其顿国王腓力二世（约公元前382年—前336年）最是熟谙此道的。

第六章
马其顿腓力二世和亚历山大大帝的军队：征服世界的马其顿方阵

随着马其顿国力的日益增强，尤其是随着腓力二世的上位，希腊军事史开启了一个全新的时代。腓力二世不仅在军事组织、战略战术上拥有杰出的才能，而且还是在希腊赢得霸权统治地位的第一位国王，尽管他并未建立一个全希腊地区的中央集权国家，但却通过各方协议确保自己能全面调用希腊各国的军事资源。在腓力二世及其子、继任者亚历山大的统治下，战争的规模达到了历史新高：军队规模越发庞大，兵种也更加细化，希腊和马其顿的士兵们在整个地中海东部地区作战，当时几乎人人参战，普通市民即是战士。

腓力二世在公元前359年—前336年间担任巴尔干半岛国家马其顿的国王，在位期间对马其顿的军务进行了全面改革，最重要的是把多兵种混合成了一支完整的作战部队，同时，他还重新为步兵方阵配备了武器：战士们当时手持的是萨利沙长矛（Sarissa[①]），这种矛的长度为4.5—5.4米，重达6千克，前后两端都装有金属的矛头，矛柄大部分都是由坚硬的山莱英木制成的。由于萨利沙长矛必须用双手才能握住，所以步兵都会把小圆盾挂在脖子上以便防身。在利用这种长矛进行作战时，对战士间的配合度及其对军纪的服从度都提出了极高的要求：每个人都必须完成自己的使命，只有这样才能让整个队形发挥其最大的威力。而且这些武器装备都是由国王下令配备的，就算来自贫下阶层的士兵也能加入这样的方阵。拥有如此武器配置的马其顿步兵方阵在和传统重装备步兵方阵军队作战时，凭借其令人心惊胆战、超出一般长度的长矛，能在两军正面交锋时有力地击溃敌军；但其机动性较差，且方阵两翼是其软肋，非常容易遭受攻击。因此，马其顿方阵在作战中需要依靠轻装步兵或骑兵的保护。这些兵种的士兵都是从马其顿地区有义务服兵役的农民中招募来的，他们被称作伙友步兵

[①] Sarissa，即马其顿长矛。——译者注

(Pezhetairen），也就是步行的伙伴。其中较优秀的步兵会被选拔出来组成持盾卫队（Hypaspisten），这是最优秀的战士组成的精锐部队，一般被分成三支队伍：国王本人如果要参加步兵作战，就会加入阿格玛（Agema），也就是第一支、同时也是出身最高贵的队伍中。另外还有一些伙友步兵的战士会被挑选出来组成国王的护卫队及另外一支精锐部队。

腓力二世在位期间，高强度的大型战役几乎从未间断过，这也使得其麾下战士几乎全都成了职业军人：他们接受了相应的军事训练和演习，按照腓力二世国王的要求，这些战士的体能也得到了大幅提升，以便能在长途行军过程中背负武器及携带自己需要的干粮，同时，为了尽可能加快行军速度，还严格控制队伍中的手推车数量。事实上，腓力二世的军队确实是当时机动能力最强的，与同时代其余国家的军队相比，其行军速度要快上许多。

与其他希腊国家不同的是（可能除色萨利之外），马其顿还拥有一支大型的骑兵队伍。这么一来，腓力二世就能把那些原本努力试图摆脱国王掌控的马其顿贵族纳为己用，比如授予他们军职或接纳其成为禁卫骑兵。这些禁卫骑兵又被称作伙友骑兵（Hetairen），以此突显其与国王之间的紧密关系。马其顿国内的自然条件以及骑兵队成员享有的社会地位等各方面因素均为骑兵军团提供了良好的发展基础，腓力二世将其打造成了一支独立的战斗队伍，除了护卫步兵方阵的两翼以及追踪战败的敌人之外，他们在腓力国王的战略规划中还起着举足轻重的作用。比如在公元前338年的喀罗尼亚大战中，担任联军骑兵左翼总指挥的腓力二世之子亚历山大正是将骑兵组成楔形战斗队，才击溃了雅典和忒拜组成的希腊联军，赢下这场艰难的战役，最终帮助其父获得了希腊地区的统治权，希腊各地城邦也由此失去了其完整的政治主动权。马其顿骑兵的防御装备有头盔、护心马甲、护腰和靴子，有时还会穿皮质胫甲，不过不会随身携带盾牌。他们最重要的攻击武器是萨利沙长矛，不过这种长矛要比步兵的短一些。同时，骑兵还需要接受一系列的练习，学会不踩马镫也能跨上战马，组成特定阵形前行，追击敌人并挥舞长矛将其击毙。可见，腓力二世应该对麾下骑兵也进行了和步兵一样超乎寻常的高强度训练。

此外，为了更好地利用新的军事技术，腓力二世还在军队中设立了专门的工程部门，该部门拥有完整的机械仓库。从公元前4世纪开始，弩炮在战场上以及在围攻城池时都是非常有效的攻击性武器，无论是防守还是攻击都会用到弩炮。不同攻城武器的出现提高了攻下坚固城池的可能性。

腓力二世能在希腊战场所向披靡,其政治上杰出、果敢的领导能力是根本基础。他成功地在马其顿确立了自身众望所归的统治地位,笼络贵族为其所用,采用不同手段将外部敌人中立化或将他们纳入自己的统治之下。这么一来,他便拥有了充分调用境内所有自然、经济和人力资源的能力,而马其顿境内的这些资源本就比其余希腊城邦更丰厚:马其顿的国土下藏着金矿,肥沃的平原最适宜养马,境内人口数量也远超其余希腊国家。除了军事改革之外,这些有利条件也是腓力二世及其继任者亚历山大能战无不胜的根本原因之一。

亚历山大大帝迄今为止都一直是年少成名、所向披靡和雄才大略的英雄化身。他凭借前无古人、攻无不克的大规模军事行动——也就是所谓的亚历山大东征(公元前334年—前323年)——为自己赢得了如此身后美名。这虽然是一场彻底的侵略战,但却被鼓吹成试图解放小亚细亚希腊城邦的复仇战,矛头直指其长期以来的劲敌——波斯。自马其顿开始统治希腊,亚历山大自然成了腓力二世之后希腊地区利益的代言人。在这场规模宏大的东征战中,亚历山大率领旗下军队在短短几年间便横扫千军,占领了从故土马其顿到如今巴基斯坦的大片地区,击溃了庞大的波斯帝国,征服了不同文化和地区的民族,在大型战役中保持不败,被誉为太阳神阿蒙之子。不过与这位假想的父亲相比,其生身父亲为亚历山大奠定的基础在助其赢得这场直达中亚的东征战中当然提供了更大的帮助——虽然神授光环有时也会带来心理上的优势。但无论如何,腓力二世都把自己在位时组建起来的、当时最训练有素的军队留给了儿子亚历山大。

公元前334年,亚历山大率领军队越过了希里帕(Hellespont①)——总计12000名马其顿步兵,7000名希腊联军步兵和5000名雇佣军。此外还有来自巴尔干其余独立邻国的军队,包括7000名步兵和1000名弓箭手,另外还有一支从公元前336年开始便在小亚细亚西部做侦察准备工作的先头部队,人数约为10000。可见,当时亚历山大大帝率领的军队中步兵人数总计超过了40000人,骑兵队人数也超过了5000人。按照史学家狄奥多罗斯的说法,这支骑兵中,有1800人来自马其顿,1800人来自色萨利,600人来自希腊联军,还有主要负责侦察工作的约900人来自周边的巴尔干国家。

---

① Hellespont,今达达尼尔海峡。——译者注

我们对这支军队的战略组成只是粗略地了解。马其顿的伙友骑兵在东征开始时被分为8个骑兵中队(Ilen)，每队约200人，这些骑兵应该是从马其顿的不同地区招募而来，其中最重要的是近卫骑兵中队（Ile basilike），国王本人也会加入这支队伍作战。直到公元前330年菲罗塔斯被处死之前，伙友骑兵都是由他领导的，不过在他之后便没有固定的指挥官了。伙友步兵被分成6个团（Taxeis），每个团有1500人，马其顿的步兵团应该也是按照地区招募的。此外还有3000名持盾卫兵。非马其顿的军队按照民族进行编队，同时拥有特定的武器装备，但每一支队伍的指挥官必须为马其顿人。可见，亚历山大国王统帅的这支队伍人数庞杂，异常混杂不均，非常难以领导，但尽管如此，这位统帅还是能成功地根据每支队伍的特长加以利用。

这场东征战对希腊地区而言是一场无比宏大的战争，但鉴于波斯帝国的庞大，出征的队伍虽然浩浩荡荡，但战斗人数也只是与对手旗鼓相当，队伍里的每个人都对这场战争有着自己的期待和幻想，谁都难以预料东征最后的结局会是什么，每个人能得到什么。普通战士们想要获得战利品和酬劳，在冒险中赢得声名，有可能当他们被征召进入这支几乎战无不胜的队伍时，心里还充满了骄傲和自豪，要是他们骁勇善战，赢下战役的话，还能得到晋升、获得表彰，凯旋回国之后，作为其为国效力的奖励，这些战士能在马其顿或别的地方享有稳定的收入。军官们则一个个希望加官晋爵，职位越高，他们得到的战利品便越多，而对他们来说，获得名誉和荣誉称号更是尤为重要的。对年轻的国王而言，最重要的是他能调用这支和腓力二世国王一起奋战多年、战斗经验丰富的军团。亚历山大自己受过严格的军事训练，是一位有魄力的战略家，正是由于其大无畏的精神——但有些历史学家有时会强调这是种愚勇——他才能一再鼓动臣民支持他的行为。不过在战事方面，军队的组织工作和上下级之间顺畅的沟通能力又是他能战无不胜的另一要素——这全靠他从腓力二世手上继承的这支经验丰富、颇具才干的老兵队伍。

亚历山大作为军队统帅的才能在公元前331年两河流域的高加米拉会战中得到了充分展现，在这场关键性的战役中，他继公元前333年的伊苏斯战役之后，第二次击败了自己的劲敌——波斯国王大流士三世。当时波斯军队在人数上占有绝对优势，还调用了令人胆战心惊的大镰刀战车和让人瞠目结舌的战象，为了防止对方发动快速的骑兵攻击，波斯人还事先在平坦的战场上设了木桩和套索。针对这些手段，亚历山大制定了非常详尽的作战计划。他在队伍中央安排了10000名伙友步兵，也就是重装备步兵，其左翼则是希腊联军的骑兵队。这种作战安排最初并不是为了屠戮对手，而是为了开展防御战，有可能的话再对波斯军队的右翼开展进攻。方阵的右侧是持盾卫兵，随后是马其顿伙友骑兵队，他们的任务是在亚历山大的指挥下袭击波斯队伍中央位置的主力军。为了避免左右两翼遭到对手的迂回包抄，这两处战斗队形的最后还安排了由重装备步兵和骑兵混合组成的特定队伍，其目的便是拦截波斯骑兵对两翼进行的攻击。亚历山大在此战中最具创意的作战计划便是保留了一支由希腊人和蛮族人组成的后备军，他们位于战斗队形的最后方，转身便可以阻止敌方军队从背后袭击己方队伍。亚历山大的队伍最前方是轻装备步兵——即弓箭手、投石手和标枪手，他们最重要的任务是防止大镰刀战车搅入战斗，同时扰乱波斯军队的队形。战斗伊始，亚历山大便率领自己的近卫骑兵在右翼打头阵，迅速把波斯军队左翼的大部分战力吸引到了外侧，而这支脱离队形的波斯军队便和早已安排好的联军军团陷入了混战，波斯军队的中心位置出现了漏洞。而此时，亚历山大立即率军迂回绕过那些人为设置的障碍物，果断地转身直击波斯军队的空缺处，他的目标便是大流士三世及其主力军。在此过程中，还有一些从马其顿军队中央阵营冲上来的伙友步兵掩护亚历山大的骑兵队。亚力山大身先士卒的快速进击让对手的精锐队伍陷入了混乱，尽管波斯军团两翼阵营的骑兵和步兵队伍尚未被击败，甚至有几次还打进了马其顿阵营中，但大流士三世见机不妙，马上自顾自地逃跑了。主帅的溃逃是决定性的转折：波斯人屈服了，亚历山大获得了巨大的胜利，尽管他并未实现此战的直接目的，即抓住波斯国王——因为他早就消失在了美索不达米亚的广阔疆域上。此后，亚历山大成了亚洲之王。

亚历山大能在此战中一举得胜，凭借的是对对手的正确认识、一份明确且很可能早已告知各级下属的作战计划和抓住正确时机展开勇猛的攻击、对细节的掌控以及针对大镰刀战车采取恰当的措施——面对这样的战车，要是不能毫发无损地脱逃，就会被它碾成粉末。在战场上最大的困难便是掌控全局并下达命令——尤其是对像亚历山大这样御驾亲征、对战事起着决定性影响的人而言。可能当时军队中设立了传令骑兵，或人们能通过鼓声或别的什么信号来传递消息。不过身处骚乱和焦虑时，很可能会出现命令无法传达到相关人员的情况。

因此，对亚历山大而言，最重要的是那些配合默契且在紧急情况下能开展独立行动的战士和指挥官，他们能根据不同战况服从国王本人下达的、明确无误的指令。而亚历山大本人则在处理所有其余复杂问题上，包括此类军事冒险行为的前期准备和后期执行计划等方面，展现了其个人的杰出能力。

正是鉴于包括此次战役在内的多场大战上的凯旋经验，亚历山大麾下军队一般都能很好地接受其制定的计划和安排，尽管战事频繁，但他们的斗志依旧高昂。这些战士信赖自己的国王，觉得自己和他息息相关，能自发服从国王的命令。对普通马其顿士兵而言，君王并不是高不可攀的；他们的国王能体谅子民的辛劳，有时还会刻意地放低姿态试图接近臣民并强调使命的集体价值。不过尽管如此，当时还是爆发过几次兵变，其原因一方面是东征持续时间过长：大部分士兵都急切地渴望早日回家，但亚历山大却仍试图继续远征，在那样的情况下，国王的追求对他们而言已经失去了吸引力。公元前326年，也就是东征的第八个年头，在行军到印度河时，亚历山大被迫停止东征并撤军返回。公元前324年，部分士兵在美索不达米亚的奥丕斯发动了兵变，此次叛乱的原因是亚历山大释放了众多老兵回家，并慷慨地向其发放了众多物资——但更深层次的原因是亚历山大当时不断推动波斯人融入自己的军队，以及采取友善对待波斯人的政策。这些措施都让那些自我感觉在文化上高人一等的马其顿人心理上无法接受。印度河的兵变最后得到了和平解决。从根本上来说，是因为亚历山大的妥协让步才得到解决的，但在对待奥丕斯兵变的时候，他采取的却是强硬的手段，他调派深得自己信赖的护卫军捉住了为首闹事者并将他们全都处死，紧接着，在向其余兵将发表了一番指责的言论，并进行了一场浩大且激情洋溢的安抚活动之后，继续推行自己的原定计划。除了维持军纪之外，他还举行了盛大的表彰活动，把大量武器奖励给部下；在公开表彰或授予桂冠的同时，他也做出了一系列处罚措施，或放逐，或降职，或实施体罚，甚至是处死。

对亚历山大而言，让非马其顿以及非希腊民族融入自己麾下的队伍是一件非常必要的事。为了统治自己占领的庞大地域，他需要在这些新的行省（Satrapien, 波斯帝国的省份）安排大量军队，而另一方面，亚历山大国王还需要新的战士来替代那些牺牲、受伤或生病的战士。此外，当时还有一些战士出于某些理由被逐出了军队，他们的职位同样需要有人接替。但马其顿人或雇佣军并不能填补所有的空缺，因此就非常有必要招募当地人加入队伍。自公元前330年开始，这项举动就尤为必要了，因为随着战事逐渐向波斯帝国的东部行省转移，战斗的方式也有了改变。原先双方交战时爆发的都是大型战役或是旷日持久的围攻战。但随着波斯王朝的崩塌，除了公元前326年对阵印度国王波拉斯、对抗大群战象的海达斯佩斯河（Hydaspes）大会战之外，发生在巴克特里亚和索格地亚纳这两个行省（也就是如今的土库曼斯坦、乌兹别克斯坦和阿富汗地区）的战斗都是小型的会战，包括攻克防御工事、艰难的山地行军、快速突袭以及转移军队。在这种情况下，高度的灵活机动性以及轻装备才是必需的，因此就需要接纳伊朗骑兵及其独有的战斗装备加入原本的骑兵队，这样才能扩充战力并在战略战术上更好地适应新战况。原本的骑兵中队被8个新的骑兵团所替代，人数上也得到了扩充（每个新骑兵团约为300人），除了马其顿骑兵之外，队伍里还新增了来自东方国家的骑兵。

当然，亚历山大的远征军里并不只有这些能征善战的士兵，我们知道亚历山大的队伍里还有辎重队——这样的队伍组成在希腊城邦的军队中是非常少见的，辎重队的任务是为战士们提供各项服务——同行的有医生、马夫、祭师和商人，文书和攻城队伍也是必需的，此外还有军妓和占卜师。尽管和其父腓力二世一样，亚历山大也试图尽可能缩减随行队伍，比如控制每支队伍中的仆从人数，但他也必须同时确保必需的后勤供给。我们必须考虑到这是一场需要长途跋涉、一直深入到中东地区的远征，如何保障这支队伍的食物、武器、衣物、木材以及其余物资的补给无疑是一个巨大的挑战。当然，要在远征途中随军携带所有的必需物资是不可能的。军队所需物资主要来自他们途经的国家和地区，很多时候这都是有效的补给来源，但一旦来到贫瘠或者寸草不生的干旱地区，比如格德罗西亚沙漠（位于如今的伊朗南部和巴基斯坦西南部交界处），就不得不改变相应的补给策略并提前做好各方面的准备措施了：先头部队必须先行建好粮仓，事先和护粮队伍定好接应点，或者和当地居民签订相应的协议。尽管如此，这场沙漠远征还是给马其顿带来了巨大的灾难：由于亚历山大低估了格德罗西亚地区的贫瘠，没有携带足够的物资，导致几千名士兵因此丧命。尽管亚历山大有能力排除远征途中的其余种种困难，不过大自然可不会向这位"英雄国王"屈服。

第七章

希腊化时代各大帝国的军队：当兵是一种职业

公元前323年，亚历山大英年早逝——可能是死于突如其来的发热。他留下的庞大帝国由此陷入了不间断的长期战争中，原先听命于他的各大将领们为了自立为王彼此征战，将帝国分割成了三大帝国和多个小国。马其顿帝国的分崩瓦解，以及希腊本土各共同体——尽管其实力已经大不如前——的发展，都深刻地影响了希腊化时代的历史（公元前323年—前30年）。对亚历山大的继任竞争者们而言，这位国王依旧是他们效仿的榜样：他们没有能和亚历山大媲美的贵族出身，没有他那般的超凡能力，也没有他作为太阳神之子的光环，因此，他们所依仗的便只能是自己久经沙场的能力，去动员、武装并成功地指挥自己麾下的军队。可见，希腊化时代的帝国其实是军事化的君主专制国家，其依靠的主要是君王的将领之才。亚历山大死后的几十年间，最重要的希腊化帝国有埃及的托勒密王朝，统治马其顿和希腊的安提柯王朝，以及统治了从地中海东部诸国及岛屿、疆域直达阿富汗广袤地区的塞琉古帝国。此外，亚历山大的子孙们还建立了众多小王国和候国，这些国家存在时间往往很短且政局很不稳定，和众多实力衰退的希腊城邦一样，对它们而言，最重要的是寻求外政上的行动自由权，脱离大国的掌控。

鉴于随时都有可能爆发战争危及国家安全，所有的国家都尽最大可能调动国内的防务力量，但由于自身资源有限，希腊和马其顿境内的这些共同体主要是招募本国居民作为储备军的，而其余君主国则主要依靠雇佣军。各国对经验丰富的士兵需求很大，而且这种需求是逐年递增的。对这些国家而言，如何招募到足够的士兵始终是一个巨大的难题。塞琉古帝国——可能也包括其余几个君主制帝国，原本就有属于自己的军队，能根据不同情况招募更多定居在本国的战士或其后代来补充军备力量。在亚历山大手下的各位摄政将领互相争斗、意图谋取继任权的初期，依靠的是原先亚历山大在世时驻扎在帝国各个行省——波斯的行政区域——的军队，同时另外再从希腊和马其顿征召人员来扩充军队。对许多来自希腊贫穷地区和各小岛的居民，包括对很多来自小亚细亚地区的穷困居民而言，在其中一位竞争继任者手下的军队服役是非常有吸引力的，这也意味着稳定的收入和热血的冒险。来自阿哈伊亚、爱奥利斯和克里特等落后地区的雇佣军尤其多，他们的来历迄今还可以考证——当然也有来自其他地区的雇佣军。某些地区的居民甚至还特别擅长某种武器：比如克里特人便是众所周知的杰出弓箭手。但慢慢地，时间一长，仅靠从希腊和马其顿地区招募来的储备军也不够用了，究其原因，一方面是很多战士在积年累月的作战中已经战死沙场，另一方面是因为各国对士兵的需求量依旧很大。各希腊化国家招募的士兵人数要远超希腊城邦：比如在公元前217年的拉菲亚战役中，托勒密四世率领的军队总计有75000人，而塞琉古的安条克三世带了68000人，双方在叙利亚地区交战——这种军队规模在那个时代已经是最大化的，超过了当时希腊各城邦好几倍。双方军队之所以能达到如此之大的规模，是因为希腊化帝国的各位国王推行了一系列的定居政策。他们向老兵或急需土地的市民分发土地，或建立相应的军事区，试图以这种方式来培植可供招募的后备军力。这些君王首先考虑的是让马其顿人和希腊人移居到这些地区，因为对他们来说，在自己戎马征战打下的国土上——除了位于故土马其顿的安提柯王国之外——这些人要比自己不熟悉的土著人更加可靠，而且他们也更熟悉希腊式的作战方式。在当时，这种移民定居成了托勒密和塞琉古帝国征召士兵的最重要途径，而这些地区看起来也更像是希腊化的城市定居地，在把希腊文化和生活方式外输到地中海东部地区的过程中起到了重要作用，成了土著居民接受希腊文化的传播点。

当然，后来各国也开始另外招募当地居民；尤其是在拉菲亚战役中，托勒密军队里就有很多埃及本土人参战，这也是当时第一次大规模地把土著人编入正规军中，此前这些人都只在应急部队和治安队伍服务。这些士兵被称作 Machimoi[①]。当时除了马其顿之外的其余希腊化帝国都开始考虑征召非希腊地区的士兵，因为希腊和马其顿的人口资源已经无法满足地中海东部地区多年密集征战的需求了。因此，各国军队人口开始复杂化，包括色雷斯人、高卢人和东方国家的各族战士也逐渐开

---

① 埃及低等兵。——译者注

始融入这些队伍,他们有些会学习希腊式的作战方法,有些则以自己擅长的兵种来作战,比如作为重装备骑兵(Kataphrakten,又译铁甲骑兵)、弓箭手或加入战象队伍。

但在这些君王麾下的队伍中,亟需士兵并不是他们面临的唯一问题。由于雇佣兵和君王之间的所属关系并非基于传统、共同历史和出身,对各国将帅而言,他们自然不完全值得依靠。雇佣兵们尤为重视能否准时按照约定金额获得报酬,以及雇主能否取得战场上的胜利。比如公元前3世纪中叶安提柯国王欧迈尼斯在经历一场兵变后和手下的雇佣兵们签订的协议就表明了这些人的需求和要求是什么:在这份涵盖多种细节、协议双方都宣誓有效的文件中,欧迈尼斯不仅承诺支付佣金,同时还保证要稳定协议中明确规定的粮食和酒类价格,此外还明确规定了服役的期限,不能随意以弹性时间的方式延长服务期;他还保证会向牺牲战士的遗孤发钱,并承诺对退役军人离开该国出境时携带的个人财物免征税赋;与之相应地,战士们要保证为他而战,坚持忠诚、全心地为国王服务,只要听闻任何谋反迹象,必须积极揭发,不许向敌人泄露任何信件或信息;同时,必须保证把自己经手的欧迈尼斯的财产——比如城池、要塞、船只或金钱——完好无损地交还给国王。

诚如上文所言，雇主和雇佣军之间的关系是脆弱的——这与城邦与其公民士兵完全不一样——因此就需要通过协议的方式来确保双方利益。从上文也可以看到，雇佣军们最关心的是自己和自己的家人能否得到稳定的物质保障，不会因雇主耍手段而使其利益受损；反过来，欧迈尼斯最担心的莫过于外部势力会威胁到他对麾下士兵的影响力，因此明确要求战士们必须听命于他，奉他为最高指挥官。对职业军人来说，一旦意识到雇主无法履行承诺，大部分人都会选择换一个雇主。很多时候己方军队在战场上的失利就意味着他们有可能会换雇主：因为一般胜利方都会在情况允许的条件下接纳部分或全部战败方的士兵，把他们编入自己的军队。雇佣军和雇主的关系往往非常脆弱，这便于他们转身加入另一方的军营，尤其是对那些协议期本就短暂的士兵而言，换雇主更为常见，比如刚才提到的例子就是如此。等到约定的服务期限一到，不少人甚至不得不主动寻找新的雇主。

为了避免发生这种情况，较大的国家往往都会努力巩固和士兵之间的长期关系，定居政策在此过程中创造了特别的有利条件。士兵如果从国王那儿分到一块地，就能获得或可能从中获得一定经济收入，那么，他们自己，包括他们的子孙后代，就必须长期在此服兵役，这些人就组成了能随时被征召入伍的固定人群。其余物质诱惑也有助于巩固雇主和雇佣兵之间的关系：比如将一部分战利品分发给他们，向其支付报酬，给予奖励或某些特权。此外还有一些非物质的鼓励方式，比如奖励、表彰或升职等。这种肯定和尊重有助于提高每位士兵的社会威望，从而提升他们的自我价值感，很可能也会让他们更好地接纳国王本人并认同他想做的事。

不过这一切的决定性基础是雇主和士兵之间互相信赖的关系：前者必须树立一种胜利者的形象，以使自己的手下相信，他们是在为正义的、也就是最后会获胜的一方而战。只有这样，战士们才有理由相信，战争带来的巨大耗费是值得的，国王对他们所做的承诺最后也是会兑现的。由于地中海地区各个国家都是以农业为主，经济发展水平不高，使得抢劫、海上掠劫和集体外出行劫成了相对容易的致富途径。从这点来看，希腊化时代的战争就相当于一种零和博弈——整体来看，经济总量并没有变化，最多也就是这些财产的占有者换了一下而已：战败者承担胜利一方所投入的费用——当然还不止这些。包括雇佣军在内的所有参战者对这一点都心知肚明。因此，君王和士兵之间的依赖性是相互的，双方都急切需要获得战场上的胜利,这是他们获得稳定物质保障、树立胜利者的威名并确保政权稳定的不可或缺的前提。

如果我们要探讨希腊化时代各军队的组织结构,得先分清这是哪个国家的军队,因为其中有不少的差异;当然,令人惊异的一点是,不管是幅员辽阔的帝国还是那些小国家,其军队组织的核心都是基于亚历山大军队的组织结构。和以往一样,重装备步兵是其中最重要的兵种;重装备步兵会被编排成方阵,手上握的也是马其顿的萨利沙长矛,胸口也挂着一个小圆盾牌。希腊历史学家波利比奥斯曾撰文描述了库诺斯克法莱战役(公元前197年),腓力五世在此战中率领麾下的马其顿军队对阵提图斯·昆克蒂乌斯·弗拉米宁率领的罗马人,弗拉米宁是顺应了希腊各国阻止腓力五世的霸权扩张的意图前来应援的,波利比奥斯在其中提到了这两支希腊化时代步兵方阵的装备和战术:"一个步兵方阵……如果使出全力,在前线攻击战中是所向披靡的,能扫除遇到的所有障碍……之所以会有这种威力,原因是多方面的。一旦队伍行列在作战时紧密排列成行,每个战士举起武器后,和前后的距离间隔为3英尺(约90厘米),长矛的长度按照旧规是16肘尺,现在改成了14肘尺(约6.5

米），因为实践证明这样的长度更适宜作战。长矛通常是用双手握在离尾端 4 肘尺的位置，尾端较重，用来和前端的 10 肘尺的重量保持平衡，士兵在双手紧握长矛攻击敌方时，会把前面 10 肘尺长的部分搁在前面一排士兵的身上，矛头向上对准前方。与之相应的，第五排士兵手中的长矛会再往前伸出 2 肘尺，矛头越过第二、三、四排，作战时，前后及左右士兵之间的可活动距离是非常小的，这样才能发挥更强的威力……在第一排的每一位士兵后面伸出来 5 根长矛，每一排的矛头都会比前一排往后 2 肘尺的距离。从中也能轻易地认识到这种长矛林立、16 纵队的步兵方阵在全力攻击时爆发出的令人恐惧的力量。当然，第五排后面的队伍无法再用这种方式来使用长矛，因此，他们不会把长矛搁在前排士兵们的身上，而是高举长矛，让其挨着前面一排战友的肩膀前倾，整个方阵上空也由此得到了防护，这种长矛林立的作战阵形能有效阻挡那些越过前排防御、可能会击中后排战士的攻击武器。尤其是在冲锋陷阵时，在这样的阵形中，战士们把自己身体的重心依靠到了前排战友身上，攻击时的冲击力就会更大，而且这么一来，前排战士也无法转身向后逃跑。"（选自德莱克斯勒的德译版）波利比奥斯对步兵方阵的认识一方面是基于当时相关的军事规定,另一方面当然也是根据其自身的经历。因此,他的描述应该是相当可靠的。很明显的是,马其顿方阵中的作战队伍拥有统一的武器,士兵的行动也是绝对标准化的,这就需要方阵士兵们有极强的纪律观,不仅英勇无畏,而且战友间互相信任。我们可以从一些协议、碑文或国王下发的信函中看到,当时的军事训练和演习会一再向战士们宣传这些价值观。其中最受推崇的是勇气(andreia),也就是男子气概或英勇无畏;还有服从性(eutaxia),即让自身适应方阵队伍的要求。听从命令、绝对服从,这就迫使每位士兵必须严格执行自己的任务,同时在危急情况下完全信任身旁的战友。和古希腊城邦中的方阵排列阵形相比,希腊化时代各国的方阵可能在排兵布阵上更加僵化死板,战术机动性也降低了不少。不过,按照波利比奥斯的描述,方阵队伍在全力向前进攻时具备巨大的攻击力,这应该是符合事实的。

在亚历山大的队伍中,骑兵往往是举足轻重的,但到了希腊化时代的各大君主国,虽然骑兵的主要任务依旧是攻击以及掩护,但队伍整体的重要性已经日趋下降了:在亚历山大麾下,骑兵和步兵队伍的比例约为1:8,而到了托勒密四世和安条克三世交战的拉菲亚战役中,其比例为1∶13或1∶14。这种转变的根源是出于经济上的考虑，因为和步兵相比，骑兵队的耗费要更高，这就使得君王们更愿意壮大步兵队伍，而不是继续发挥骑兵的优势。

与骑兵队伍不同的是，海军舰队在当时得到了极大的扩建，无论是舰船的数量还是规模都壮大了许多。舰船的类型更加多样，战舰经历了一次专业化的分类过程。当时建造出了五层桨船（Penteren，船体上下共有5层，每层有桨手交叉划桨）以及四层桨船（Tetreren，拥有上下4层桨手），从公元前4世纪开始，它们渐渐取代了原先小型的三桨座战舰的地位。不过和陆军相比，海军兵种的重要性也有了明显下降，除了拥有当时最先进海军力量的托勒密王朝之外，他们在公元前3世纪到公元前2世纪初的大部分时间都掌握了地中海东部地区的海上主权，当然也要排除罗德斯岛人，他们凭借着一支强大舰队的护卫来推行自己的贸易政策的重要性也有了明显下降。尽管当时的各大君主国都拥有一支自己的舰队，不过它们的首要任务是运输队伍、守卫海岸线以及控制国土前哨，当然也会参与一些抢劫活动。出于此目的，人们更多的是建造一些小型船只，它们耗费更低，也不需要太多人力，比如楞波斯（Lemboi）战船就是其中的一种，这种小型战船往往会和大型战舰联合行动；不过现在已经无法获知关于这种船型的更多具体细节了。

希腊化时代的军队中出现了一种新型的作战武器，即战象。这个庞然大物，尤其是再加上它们背上供战士骑乘的堡垒般的坐筐，能让敌人闻风丧胆，更能让他们所骑的马匹受惊失蹄，还能深入敌方步兵阵营直接踩踏敌军。不过战象的弱点在于，一旦受到标枪和弓箭的袭击，它们就很容易受伤，万一受伤，它们就会惊恐不安，在骚乱的战场上，这就有可能会伤害到己方战士。因此，鉴于其并不完全可靠的使用效果，军队中的战象数量也逐渐减少了，后来人们只会在庆典仪式上或运输物资时用到它们。

希腊化时代的战事中，攻城术（Poliorketik）以及与之相对的筑城术有了很大的进步。为了掌控各地区以及相关民众，军队必须有能力控制住防守严密的地域以及所有城池，因此，各大君王全都试图掌握这样的设备和技术，以便确保居民们对自己的忠诚，同时在必要情况下更好地保卫人民。各地也做了相应的武装：城墙建造技术愈发先进，同时耗费也越大——城墙外还有外围工事和壕沟，此外还建造了有屋顶的防御通道和多个城门。这些防御设备都是不可或缺的，当时的攻城术已经取得了很大的进步，发展到了一定的高度。其先进还体现在改进并发明了无数攻城武器，同时发明了对付防御设施和要塞的各种攻城技术。其中最有特点的便是攻城塔（Helepolis），这是一种多层、四面覆盖着遮棚、用以围攻城池的塔状武器，它能把士兵和武器尽可能不为人注意地运送到敌方的城墙边上。攻城塔体积庞大，因此非常笨重，其大部分都是木材制成，一旦受到火箭射击，就会被损毁。

龟甲形掩蔽物（Chelone）或龟壳是一种可移动的防护装置，在其掩护下，士兵或坑道兵能被运送到城墙边上。同时，它还能作为"攻城龟壳"保护攻城锤，攻城锤最重要的用途便是用来攻破城门，因为城门是城墙上防御最薄弱的地方。

可移动的塔楼还能把吊桥和围城梯运到城墙旁，有了这些装备，攻城士兵就能轻易地登上城楼。他们会在城楼上用各种投石器朝守城士兵发射石块、箭矢或金属球，同时，这些投石器也可能成为防御性武器或在开阔地带的战场上中作为炮兵部队所用的武器设备。

包括这些武器在内的所有设备都证明当时的军事技术已经达到了相当高的水平，同时，这也表明当时各国间存在切切实实的军备竞赛，这种比拼在攻城战中得到了最大的体现，同时也引发了更多的战事。不过除了这些新型武器和战术外，传统作战方式依旧有用武之地。比如为了摧毁城墙而挖掘坑道，与之相应地，守城士兵也会反向挖掘坑道来报复。士兵仍旧会使用梯子来攀爬城墙。攻城士兵们会堆起高台，好让军队侵入城池，同时，为了保卫城池，守城军队还会在周边挖掘壕沟；攻城战的耗费越来越大。这些武器装备不仅在作战时具有使用价值，而且很多体形庞大或制作精巧的设备还展现了当时的制造技术和自然科学知识的发达水平，这些同时也代表着统帅们拥有的至高无上的权力和毋庸置疑的地位——甚至有些武器完全就只是出于此目的而被发明出来的。《马加比一书》中描述了塞琉古帝国的安条克五世大举进攻耶路撒冷（公元前163年）时的情形，我们也可以从中看到当时一支装备精良的军队所拥有的武器库；当然，我们也可以从中认识到，一座城池之所以沦陷，往往并不只是屈于可怖的武器装备，而是因为饥饿或被背叛："接连好几天来，他都不断地围攻这座圣城，他在那儿搭建了发射塔、攻城装置，布置了火焰喷射器、投石器、弹弓和蝎子式的发射器——用来发射箭矢。"（选自施乌恩克的德译版）。

某座城池一旦被攻破，往往就必须接受敌人在此处设立驻防营,有时候它的联盟城市也得接受敌方在其辖区内建立驻防区,名为受其保护,实际当然也是接受其监管。总而言之,雇佣军大部分时候都是在驻防地服役,这也是别人对他们的整体印象。从仅存的有限资料中我们也可以判断,当地人民和这些占领军之间的关系——无论是敌是友——定然不会是非常友好的。后者经常会滥用权力干涉当地事务,以各种方式给当地居民带来苦痛,而驻防军队的存在本身在当地人看来就意味着自己丧失了独立的地位。因此,在现在来看,当时的一些喜剧把这些士兵塑造成耀武扬威、不受欢迎且常常蠢笨不堪的形象也是毫不奇怪了。但事实上,士兵们的自身形象和这些喜剧形象之间是存在巨大差异的,这一点在碑文记录中得到了尤为明确的印证:那些牺牲的战士往往会被描述成英勇的斗士,他们曾在战场上一马当先,毫不退缩,保家卫国,值得永世流芳。

希腊化时代的君王们会用各种美名,如救星(Soter)、战神(Nikator)或恩人(Euergetes),来标榜自己,主要是以此来暗示自己的军事成就。尽管有些地区,比如托勒密王朝统治下的埃及,曾享有较长的和平时期,但往往正是因为这些君王们企图不断获得军事上的胜利,并以新的战绩来确定自己作为战无不胜的统治者所拥有的合法地位,最终却事与愿违,辜负了他们所标榜的这些美名。频繁的战事削弱了各国的实力,导致希腊以及地中海东部地区在政治上四分五裂、血流成河,而在此过程中获利的,则是地中海西部地区不断扩张、日益壮大的罗马。

第八章

古罗马早期时代：艰难的开局

罗马军团曾在某个时期的 500 多年间，成为地中海地区最庞大、组织最为严密和战斗力最强的军事力量。正是由于其强大的军事实力，罗马才能长期统治庞大的地域，这也是罗马能团结整个国家的最有效方式。但同时，随着其所辖各地区社会、政治、文化和经济上的发展，以及各地居民融入罗马生活方式的过程中，也产生了一系列的问题。无论是当时的人们——有些是被迫屈服于罗马的血腥统治——还是后世的众人，都对罗马人的军事体系赞叹不已。因此，对我们而言毫不意外的是，正是波利比奥斯（生活在公元前 2 世纪，来自希腊的阿哈伊亚）和弗拉维乌斯·约瑟夫斯（生活在 1 世纪，一位来自巴勒斯坦地区的犹太人)这两位非罗马人为后世留下了关于罗马军团组织结构和运作方式的最具说服力的资料。这两位作者都曾和罗马军团对战,均被打败且被俘虏,又都试图从罗马人完美的军事组织中寻找他们能在战场上所向披靡的原因。不管是对这两位作者,还是对地中海地区罗马周边的众多邻国国民而言,古罗马军团中的士兵是他们遇到的第一批罗马人,也正因此,无论是对当时的人们还是对后世诸人来说,这些士兵都代表着古罗马的风土人情和社会风貌。

那么,与其对手相比,罗马军团究竟为何能长期保持优势呢——他们是否也曾偶尔遭受战败的挫折呢?罗马士兵,以及他们的军事事务,对当时社会的影响如何呢?这些问题要远比军事行动深刻地影响了罗马人的文化和精神风貌,以及当时的人也认识到了罗马人的这一特质等观点更有意思。

罗马的社会和政治经历了从一个农业化的小城邦发展成统治庞大地域的世界强国这一历程,这一点也体现在罗马的军队中。罗马人历来认为自己的个别对手特别强大,有些甚至在技术上优于他们,这让他们感到了生存危机,而这种危机感便在军事上得到了体现。我们不能排除这种观点,即竞争对手的作战方式和武器装备对罗马军队产生了很大影响，也使其更加灵活机动，以便更好地应对新的挑战，这就促使罗马军团变得愈发强大。不过罗马之所以能发展成世界强国，并不只归功于其强大的军事实力。地缘政治上的因素、外交策略、联盟政策以及运气等都是其成功的重要原因。因此，我们可以断言，罗马人很少单独作战；在大部分战事中，他们都会寻求盟友的支持并且擅长——尤其是罗马在意大利迅速扩张的阶段——一分化潜在的敌人并利用其来达成自己的目的。很明显，罗马人与周边邻国国民相比，并没有在天性上更加英勇善战、纪律严明，也并没有更加血腥残暴或野心勃勃——仅凭这点并不能解释他们在军事上取得的成就。

罗马军事史可以粗略地分成以下几个阶段：1.从罗马早期的联合部队过渡到方阵（从罗马城建立到约公元前4世纪）；2.三线阵战术时期（公元前4世纪—前2世纪）；3.向职业军队过渡的时期（公元前2世纪—前1世纪）；4.常备军（公元1—2世纪）；5.古罗马后期的机动野战军（公元3—5世纪）。

罗马军团拥有悠久的历史，也有很多前人因对此感兴趣而做了相关研究，这就使得我们现在能够很详尽地了解它的历史。尤其是关于恺撒时代的文献资料更是颇为丰富,我们能从中了解很多与征兵、军队结构和等级、兵种、武器、训练、战斗方式、晋升形式、军队内部组织和军费等相关的细节。同时,我们对罗马共和国中期和后期的军队情况也有一定了解,甚至能相对客观地重构这段历史。

但对我们而言,古罗马早期——也就是我们在此处所指的从公元前8世纪到公元前4世纪的这段历史——的军事情况却不甚清楚,罗马军事史的开端迄今仍是模糊不清的。另外,我们也很难对此后直至发明能在公元前3世纪—前2世纪击败迦太基和希腊化时代各大王国的三线阵战术期间的这段历史进行梳理。

在罗马共和国后期详尽的文献资料中,我们能找到的和早期古罗马王国相关的信息,基本上都是编写这些资料时对这段历史的描述,但其中却缺乏客观切实的史实说明。因此,我们在评判和公元前387年之前——也就是凯尔特人占领并摧毁罗马城之时——的罗马国家结构和军事情况相关的文献资料时,必须持保留的态度。除了个别流传下来的史料之外——比如《十二铜表法》中的内容——我们在评价与古罗马早期历史相关的资料时,只有从公元前387年之后开始,才能愈发切实、客观地作出历史评判。也正因此,我在对公元前

4世纪之前的历史进行介绍时，只能不完全确定地做一个简短概括的介绍。

有人认为，古罗马最早的军队来自国王的护卫、当时的贵族以及这些贵族的侍从们，他们所拥有的武器装备当然不可能是统一的。当时有个别国家可能拥有骑兵队，但这些几乎非正规化的武装力量行动的范围和具备的攻击力都是非常有限的，他们主要也只是在和邻国发生冲突时维护自身权利，在国界线划分或战利品分割上发生争议时采取武装行动。当时大部分的暴力冲突都发生在各个氏族（gens）——某位贵族领导下的一个部落——首领领导下的武装队伍之间，或者是一些自发组织起来的誓言同盟（coniurationes）之间。

罗马军事史上的一个重要转折点是采用方阵战术。罗马人具体是从何时开始引入方阵战术的，这一点已经无从得知了。一般认为应该是在公元前7世纪至公元前5世纪期间：最初是在公民大会（comitatus maximus）上提到了这个战术，也就是在《十二铜表法》中提到的大型公民大会中，而《十二铜表法》则形成于公元前5世纪中期。由于罗马公民的政治责任和军事责任向来是密不可分的，而且这一点在公民大会上也得到了体现，因此，就有观点认为，大范围招募公民入伍同时也意味着公民在政治上拥有更大的权利。公民大会的产生便体现了这两点,因此,历史上也认为这是古罗马方阵产生的依据。为了加强团队行动力,就必须有一个统一的军事组织。

在引入方阵战术的过程中,罗马人当时最大的劲敌伊特拉斯坎人应该对他们产生了很大的影响。有可能正是他们施加给罗马的外在压力,甚至是在伊特拉斯坎人曾短暂统治罗马的时候,使得罗马人觉得有必要学习这种比他们更高明的封闭式作战的战术队形。如果这个观点成立,那么,这应该是罗马人第一次成功地"师夷长技以制夷",而在罗马历史上,这样的例子不胜枚举。

早期罗马军团应该是把公民划分成了有能力为自己购置武器并加入方阵以及没有能力加入方阵的两类。前者属于入级者(classis[①]),在这里指的就是战士;而后者则是不入级者(infra classem[②])。这些平民一般被训练成轻装备士兵或只在危急情况下才会加入军团作战。部落首领以及其余富裕的公民则组成了骑士兵团,也就

[①] classis,在马略改革之前,罗马士兵的来源是拥有土地的罗马公民,他们的役龄在27—65岁之间,应执政官之征召入伍,后来classis成为英语中"阶级"一词的来源。——译者注

[②] infra classem,指的是不能提供兵役义务,或只能加入辅助性军团的平民。——译者注

是骑士阶级（equites）。早期罗马军团的典型特征应该就是把士兵分成骑士、重装备步兵和轻装备步兵三类。而决定这些公民能否以及在何处作战的，则是他们的经济实力。这项原则已经有别于早先军队中有可能是按照氏族部落关系而集结起来的队伍。在原先的军队组织中，部落首领及其拥护者是战斗的主力军，这些人所关注的利益可能不尽相同，有些氏族首领可能还会试图为自己的追随者配置武器并让他们加入作战队伍。当然，我们也不能认定采用方阵战术的过程是没有遇到阻碍的，因为这样的战术是以共同体中的凝聚力与和睦关系为前提的。但直到共和国时代，这两项原则很有可能都是相悖的，直到最后成立了统一的军事组织以及罗马成为军事强国之后，这种矛盾关系才最终结束。但我们对这些事件的具体时间点几乎都一无所知。

按地域划分的三大古老部族（Tribus），即罗慕奈斯（Ramnes）、梯提斯（Tities）和卢斯瑞斯（Luceres），可能是罗马军队最早的组成单位。这三大部族下面各有十个库里亚（Curien），而库里亚大会[①]正是从这些库里亚中产生的，直到罗马共和国后期，库里亚大会依旧存在，这是公民大会的一种古老形式。当然，到了共和国

---

① 即大氏族会议或胞族会议。——译者注

后期，这种大会的意义已经完全不同了。每个库里亚有100人，一个部族就有1000人，也就是当时的整个军队人数约为3000人。其中，每个库里亚中要有10名骑士，也就是军队中总共有300名骑士，他们被分为10个所谓的骑兵中队（turma），每队30人。在罗马共和国早期，作为最高行政长官（praetor maximus, 按字面意思是指最高的执行官）的一名人民领导人（magister populi）负责指挥军队；国王的军事指挥权，即军事权力（imperium），便交给了他。按照惯例，3000名步兵的指挥官是军团长（tribuni militum），而300名骑兵的指挥官则是骑兵卫队长（tribuni celerum）。这些都是严格按照军队结构体系运作的，但其最根本的存在基础仍是三大部族的稳固地位；直到后期，这些部族依旧是军队在各地招募士兵的最大依仗，当然，部族中的人数那时也有了很大增长。而另一方面，从军团长这一头衔的称呼上也可以看出，各大部族是军队最初成立的基础，而到了后期，军团长则成了一个高级军衔。有些观点因为受古罗马后期的军事实力影响，认为早期罗马军队也是组织严密、分工明确、装备统一化、各战术单位人员固定且等级差异明显，但这种观点很显然是不正确的，当时的军队组织仍是非常落后的。在国王[①]被驱逐出罗马后——按照传说记录这是在公元前509年——军队的领导权落到了贵族的手上。古罗马的贵族们赋予这些最高军事职位的权力还包括进行法律审判和处理宗教事务。不过我们无法确定,从古罗马早期时代到公元前367年李锡尼—绥克斯图斯法(Lex Licinia Sextia)制定期间,古罗马的贵族们是如何定义、称呼或安排这个最高职位的。根据保留下来的史料记录,当时名叫盖乌斯·李锡尼·斯托洛和卢基乌斯·绥克斯图斯的两位平民保民官提出了一项法令,旨在解决当时贵族和非贵族人民(plebs,即平民)之间日益加剧的矛盾。按照这项法令的规定,每年选出两名执政官(konsuln),而其中一名需为平民,执政官是当时的最高领导,也是军队的指挥官。从很多史料中也可以看到,为后人所熟悉的公民法就是在当时编纂的,在此之前,高级别的领导人还被称作行政长官(praetores),而最高行政长官(praetor maximus)就是从中推选出来的。

重装备步兵被整编成了军团(Legion)。军团一词在拉丁语中指的便是"挑选",也就是选用那些有能

[①] 这里指的是罗马王政时期最后一位王卢修斯·塔克文·苏佩布。——译者注

力购置重装备武器的公民,同时还会为他们配备相应的骑兵和轻装备步兵。军团最初指的是整个机动部队。在古罗马早期时代,有能力购置武器的公民人数约为2500—4000。

基于方阵战术的征兵方式有一个优点,即能更好地利用武装力量,因为在这样的战术组织中,就算不属于任何大部族的公民也能参战。这些人主要是有能力购置武器的农民,他们现在也能入伍了。不过我们并不清楚当时是否会为了了解人口数量及其作战能力而清点或以何种频率清点有产阶级(census)公民的人数并最终进行人员分配。不过与方阵步兵相比,贵族骑兵队伍的军事重要性似乎正在逐渐下降。

从根本上来看,罗马人的武器装备主要就是重装备步兵的全套装备,也就是盔甲、头盔、长矛和刀剑。按照狄奥多罗斯的说法,罗马人还从伊特拉斯坎人那里学会了使用希腊圆盾(clipeus),这是一种圆形的盾牌,可能是木制的,外面罩着一层皮革,还装有金属的护片。从伊特拉斯坎的墓穴中出土的文物也证明,早在公元前6世纪,意大利中部的人民就已经在使用希腊重装备步兵的全套武器装备;当然其中还有一些当地特有的、完全不同于希腊风格的盔甲和头盔类型。特别是在一些古画资料中，更是保留了很多意大利风格的头盔和盔甲式样。由此我们也可以判断，在罗马共和国早期，意大利中部地区的军队武器装备可能并不是完全标准化、统一化的。

公元前5世纪—前4世纪，罗马凭借自己的军事实力不断和周边山区内的部族交战，其领土范围也得到了进一步的扩大。为了确保自己的领土安全，罗马人开始在一些军事要地建立殖民地，这些地区的居民除了当地土著之外，主要是罗马人和拉丁人。殖民地的成立意味着罗马人和拉丁人想要巩固并扩张自己的势力范围，而幅员辽阔的殖民地在很长时间内也为罗马军队提供了大量的兵力。罗马的军事潜力以这种方式得到了持续性的提高。

公元前387年，一支高卢军队越过波河平原攻入了罗马，这些高卢人应该只是想要来掠劫物资，也有可能是想要加入塞琉古国王狄俄尼索斯一世的雇佣军。罗马城薄弱的防御能力迫使罗马人不得不在开阔的平原地带和敌军交战。在阿利亚（Allia）河畔的这场战役中，罗马人以标枪作为主要攻击武器的步兵方阵全然不敌高卢人强有力的袭击，但在近身搏斗中，罗马人凭借手中的长剑占了优势。

当然，罗马在这场战斗中最终惨败，但就算是这么黑暗的一天（dies ater）也无法阻止罗马继续壮大，它依旧是拉丁姆（Latium①）地区最强大的，而罗马人在意大利中部的扩张也仍在继续。

但至少，从军事史上来看，这场战役是非常重要的，罗马人也从自己的惨败中吸取了教训：他们在七座山丘周边建造了城墙，试图以此来抵抗类似的攻击，更好地防守自己的领土。这些城墙后来被误称作"塞文墙"[最初由国王塞尔维乌斯（公元前578年—前534年）所建]——事实上"塞文墙"是王政时期建造的——如今，这段城墙的部分遗址仍然保留着。城墙是由方石搭砌而成的，而这种方石是罗马人从殖民城市维埃用手推车运过来的；希腊的筑城防御方式对罗马人的影响很大，现在还能在城墙的个别地方看到雕凿在石块上的希腊文，可见当时应该有希腊的建筑师参与了城墙的建造。

从"塞文墙"的走向可以看出，在公元前4世纪，罗马城是当时意大利领土面积最大的城市之一，不过被城墙包围的地区并没有被完全改造，而是留下了不少农业用地。其原因在于，随着罗马占领邻城维埃，一个潜在的军事威胁被消除了，同时，一个贸易竞争对手也被排除了。因为被占领的维埃地区由此被纳入了罗马地域

---

① Latium，位于意大利中部。——译者注

（Ager Romanus）且此后发展迅速，而同时，当地的人口数量也得到了急剧增长。罗马也由此一跃在实力上远远超过了同盟拉丁人。

不过被城墙包围的地区并不完全等同于宗教上规定的城市中的神圣性分界线，即城址（pomerium）。这种城市（urbs）和野外（ager）之间的界限在宗教上和军事上都有非常重要的意义，它明确地分割了文明的城内地区（domi）和另一个遵循全然不同规则的、军事化的城外地区（militiae）：比如在城址内不能公开携带武器；军队，包括最初作为军民大会成立的百人团大会（comitia centuriata）也都必须在该区域之外集会。军人只有在庆祝活动中才能全副武装地进城。而即将领兵出战的将军们也只能到了城址边界地带才能穿上战袍。这些规定旨在让战争远离城市，因此，就算是女战神贝娄娜的神庙也必须建在城址的另一侧。

罗马很早就有了自己的宗教仪式，用来在和平时期挑起战事或结束战事回归和平的时候进行祝祷并祈求神明的庇佑。因此，祭司团（fetialen）就必须确保他们是遵照了神明的旨意才开战的。依据祭司权利中最古老的规定，祭司们有义务要求敌人弥补他们带来的损失或归还被他们掠夺的财物，一旦祭司们的要求得不到回应，他们就会把一根浸泡在鲜血中的长矛扔到敌人的领地上表示宣战。只有满足了这个条件，这场战争才是被神明认可为合法的。

将士们结束战争凯旋的时候，在一定情况下会进行特别的庆祝活动。在这样的庆祝仪式上，将军们及其麾下的战士们会坐在一辆辆富丽堂皇的车上游行进入罗马城，他们穿着紫色的战袍，头上戴着橡树叶编织成的金色花环；他们还会趁此机会向民众展示俘虏和战利品，由此彰显罗马的赫赫战绩，特别是用来借机展现那些高官们的丰功伟绩。在历史上的和平时期，这样的庆祝活动需要得到元老院的许可，前提是战士们必须在战场上至少击毙5000名敌军，且这场战争不是通过屠戮奴隶或平民取胜。庆祝游行的最后环节是感恩活动。慢慢地，这种庆祝活动也成了每位罗马贵族不惜一切代价都想要实现的人生最高追求。在罗马共和国后期（公元前2世纪—前1世纪），庆祝活动的奢靡程度令人叹为观止，耗费更是不菲，而且主要是为了表彰那些担任指挥官的将军们；对这些人而言，奢华的庆祝仪式是他们在政坛上进行博弈的手段之一，而在整个罗马共和国时期，这也反映了他们所取得的军事成就。

第九章
罗马三线阵：所向披靡的罗马军团

公元前340年—前338年，一向都是同盟伙伴的拉丁人和罗马人之间爆发了战争，而这也正是罗马势力日益强大的体现。这场战争以罗马的胜利告终，而拉丁地区也由此完全被纳入了罗马的势力范围，这些拉丁城市也不再是独立存在的共同体了。罗马由此——这在军事史上是具有深远意义的——一跃成为意大利中部最强大的势力。这也引发了罗马和居住在亚平宁中部地区的萨姆尼特同盟军之间的冲突，双方在公元前343年—前275年间多次进行大规模交战。在和萨姆尼特人爆发冲突之前或期间，罗马人就已经放弃了使用方阵战术，因为这种战术不适宜在山区丘陵地带与机动灵活、作战部队规模相对较小的萨姆尼特人及其盟军交战。罗马人对军队进行了重新整编,使其更加灵活机动,阵形也更为多样且多变,形成了所谓的三线阵。同样地,这次依旧是外界因素在促使罗马人进行战术升级的过程中起到了决定性的作用。

凭借这种全新的战术,罗马最终不仅取得了意大利的统治地位,同时还确立了自己在地中海地区的霸权统治。波利比奥斯就曾对这一战术作过详尽的描述。尽管他所述的是公元前3世纪—前2世纪时的情形,但他的描述从根本上来说也是符合公元前4世纪末—3世纪初时的现状的。罗马军队的基本作战单位依旧是军团。根据波利比奥斯的说法,整个军队中一共有四大军团,一般由两位执政官分管,即每位最高执政官分别指挥其中的两个军团。当时所有的罗马男性公民都有服兵役的义务;不过能加入军团的却只能是那些拥有基本财产的人,也就是拥有一定房、地资产的人。那些家产微薄的人会被调派到舰队服役或者作为轻装备步兵作战。基本财产的前提要求可能是为了确保战士们有能力购置自己所需的武器装备。如果波利比奥斯的说法属实,那么在公元前4世纪时,这一财产要求应该是非常高的,不过自第二次布匿战争之后,罗马陷入了不利境地,这一财产要求也从原来的 11000 阿司①下调到了 4000 阿司。在和迦太基统帅汉尼拔的布匿战争中（公元前 217 年的特拉西美诺湖战役，公元前 216 年的坎尼会战）罗马遭受了重创，饱尝败绩的军队需要招募大批人员应援参战。尽管罗马实力雄厚，在意大利建立了多座殖民城市，但军队一直以来都是以农民为主力军。这些城市大部分都是小城，主要居民也都是农民，生活来源依靠的主要就是农作物的收成。因此，农业是罗马共和国国防军生存的根本。尽管公元前 2 世纪末期，军队在招募士兵的要求上有了根本性改变，但在与生存相关的根本性问题上，并没有发生任何转变。

只有那些超过 46 岁，也就是过了入伍最高年限的人，或者是服役年限已经达到既定要求的人，才能被免除服兵役的义务。此外，某些特殊的祭司和官员（高官）及其仆从们也不需要服兵役。其余能符合被免除服兵役义务的原因还有身体上的不足，或为国家做出了特殊贡献而享有豁免权。如果逃避兵役，就会遭到严惩；惩罚措施中甚至包括将罪人卖为奴隶。

可见，罗马公民享有的权利和必须履行的兵役义务

---

① As，古罗马标准货币，一个等于 12 盎司的罗马磅，即约 326 克铜。——译者注

是紧密相关的。由于大部分的罗马公民本身是农民,我们可以由此推测,大部分农民在公元前4世纪和公元前3世纪时,都是满足入伍的最低家产要求的,也就是大部分人确实都履行了自己的兵役义务。至于具体的人数目前也就只能大概估算了。不过我们还是可以断言,由于当时战事频繁,很多罗马人定然都拥有丰富的作战经验,这一点在波利比奥斯的记录中也得到了证实。按照他的记录,步兵的服役年限是16年,骑兵为10年,这样的服役时间是相当长的。当然,波利比奥斯的这一记录很可能和他书作中提到的其余数据一样,都是从某一本军事教材上摘录下来的,而这原本可能只是一种规定,而并不一定是事实:早期罗马参与的战争多是小范围的,持续时间也不过是一个季节(夏季),而且——除了紧急情况下——被征召入伍的也不过是一部分有能力服兵役的公民,但随着罗马势力范围的日益扩张,战争涉及的地域也越来越广,同时,持续时间也越来越长,因此,对战士们服役时间的要求自然也越来越高。最迟从布匿战争(第一次布匿战争:公元前264年—前241年;第二次布匿战争:公元前219年—前201年;第三次布匿战争:公元前149年—前146年)开始算的话,当时的战士们必须持续多年、毫不间断地在战场上拼杀到底。

由此也可以推算,这种情况下,一般服役6到7年就已经足够了,尤其是他们服役的地方还距离遥远,甚至是在海外。

而包括宣战以及随后制定相应作战计划方面,则由罗马的相关政治机构负责。公民大会一般负责决定开战还是维持和平局面,元老院则负责制定战略部署并决定物资及人员上的投入,而最高执政官则负责执行元老院的最终决定,他们要招募军队,组织并领导队伍。

但事实上,公民大会更像是一个附议的组织,而不是真正的决策者。公民大会驳回旁听大会的高官们做出的开战决定这种事在历史上是非常少见的。比较有代表性的是发生在公元前200年的一起事件,当时的罗马在和迦太基经过旷日持久的战争之后,为了能让苦不堪言的公民们免除一场新的战事,公民大会拒绝向马其顿的腓力五世宣战。时任执政官苏尔皮基乌斯·伽尔巴,也就是原本应该要率军开往马其顿的指挥官,在发表了一番激动人心,但同时也充满威胁性的讲话之后,拒绝接受公民大会的决议,最后,公民大会不得不按照元老院和罗马高官们的意愿进行了重新投票。当然,在个别招兵过程中也会出现一些抗议举动,尤其是当一场战争不太可能带来过多利益、可能旷日持久、充满风险或统帅本人不受欢迎等情况下。尽管有很多限制因素，但从根本上来看，罗马就和我们之前所说的雅典一样：公民能自主决定是否要开战，以及是否愿意冒险投身战场。公民大会也会选出指挥官，也就是执政官，同时还会选举出一些高级军官，即军事保民官；公民大会参与者能参与决定他们要把战士们的性命交托给谁，当然这同时也可能意味着他们愿意把自己的身家性命交托给谁。

在波利比奥斯的描述中，征兵（dilectus）过程仍是由各个地区集中负责的，就像是各个小国家分别招募士兵一般。在公开征兵结束之后，这些有义务服兵役的公民就会被带到元老院所在的城堡，在经过程序复杂的体格检查之后，被军事保民官们分到各个单位，在分派过程中必须确保各个军团的实力是均衡的。

入伍新兵必须宣誓服从指挥官的领导并执行他们下达的命令。这样的誓言能让士兵和军官们相互掣肘，同时也使得这种关系以及他们在军队中的所有作为都处在神明的监管之下。不过，随着罗马势力范围的扩张，其境内的公民也逐渐增多，很可能在招募新兵时已经不再是各地分区招募的集权化做法了，军队招募时也不再局限于罗马城，而是扩大到了罗马在意大利建立的多个殖民地区，随后再把各个军团集中到某些营地，最后再行军开往战场。

罗马军队中最大的作战单位仍是军团。一个军团既能作为独立军队作战，也能和其余军团组成大规模军队开展行动。一个军团由30个支队组成，每个支队又可分成两个百人队，也就是一个军团会有60个百人队。支队是一种新创建的作战单位，我们可以推断，这种改编不是一次性完成而是逐步形成的。不过我们无法确定这些战术单位的具体人数是否有明确规定，也不清楚这些队伍具体有多大。虽然文献资料上的信息也并非没有自相矛盾，不过我们还是可以从中推断，虽然百人团被称作百人（centum），但事实上应该只有约80人，也就是一个支队约有160人。成年兵支队人数更小一些，也就是一个军团大约由4200到5000人组成。

当军队整编完成开往战场时，各个支队之间会保持一定的距离，这样就能清楚地辨认出军队的各个单位，也更便于将帅们领导指挥。

各战术单位的人员调派还和配置的武器装备相关，波利比奥斯对此做了详尽的描述。征召入伍的最年轻、最贫穷的士兵被分到轻步兵（velites）中，相对年长一些的则被分到青年兵（hastati）中，再年长一些的被分到壮年兵（principes）中，而最富作战经验的士兵则被分进了成年兵（triarii）。这些队伍各自配备的武器不同，其作战任务也不同，他们分别组成了独立的兵种。

轻步兵的武器装备是一面直径约为 90 厘米、被称作帕尔马（parma）的小圆盾，另有一把短刀和一杆标枪，头上戴的不过只是一顶便帽，有时还会在外面缝上一层狼皮或类似的东西——凭借这样的帽子，长官们就能轻易辨认出自己麾下的士兵了。这些轻步兵会被派遣到三线阵作战队伍——青年兵、壮年兵和成年兵——之前，他们的任务是在开战之初和敌人交火并尽量在敌军队伍中引发骚乱，他们也很有可能和敌军类似轻步兵的队伍进行近距离交战。在第一个作战阶段结束后，这些轻步兵会穿过重装备步兵的队伍退出战场。最年轻的入伍士兵之所以要被分派到该兵种服役，可能是为了进行实战训练，这应该也是军队指挥官们向轻步兵们承诺过的，答应让他们上战场打仗。这些最年轻、经验最缺乏的士兵们可以通过这种方式渐渐胜任更难的作战任务，以便日后作为重装备步兵加入作战队伍。必须一提的是，我们对罗马共和国时期的新兵培训所知不多，只知道罗马士兵无论是与敌军还是友军队伍相比，都是受过良好训练的。

重装备步兵中冲在最前面的队伍是青年兵，也就是从年龄上来看仅次于轻步兵的一批。根据波利比奥斯所述，青年兵队伍的常规人数和壮年兵人数一样，都是1200人，不过在特殊情况下人数可能会有所增加。青年兵的武器装备一般和壮年兵是一样的，主要是卵形的盾牌（scutum），盾牌是木制的，中心凸起，外面罩有一层麻布和皮革，这是一种典型的罗马式盾牌，其上沿和下沿都钉了一层金属，以便更好地抵抗刀剑的击砍，同时，也避免将盾牌支放在地面时其下沿受到损坏。盾牌中央的凸起是为了更有效地抵御并拦截刺过来的长矛或投掷过来的石块。青年兵携带的攻击性武器是一种约60—70厘米长的剑（gladius），这种双刃短剑应该是他们从伊比利亚雇佣军那儿引进的，这样的剑既适合刺杀，也适合击砍，在近身搏斗中是一种非常有效、能让人心生畏惧的武器，可以重创对手，而且似乎要比高卢剑更好用——与之相比，高卢剑要更长一些，但更窄，也更有韧性。此外，军团士兵们还会配备两把重标枪（pilum）作为攻击性武器。士兵们的标枪有两种规格——一把约2千克重、适宜快速投掷的轻标枪，一把4.5千克重、可当作长矛用的重标枪。重标枪的木柄有90—100厘米长，枪头上用铆钉固定了一个铁制的倒钩，这样设计的目的是为了能让标枪尖头在击中目标后弯曲或无法被拔出来,被投掷出去的武器就能避免在击中的敌人后被从伤者体内或盾牌中拔出来再反向扔回到投掷者身上。士兵们配备的防御性装备有胫甲、头盔和作为护胸的金属制成的鳞甲或———一些资产颇丰的人拥有的——锁子甲。头盔上会插上羽毛,可以让佩戴者看起来更高大威猛,并以此来让敌人心生畏惧。成年兵手持的不是重标枪,而是长枪,这是罗马人惯用的一种传统标枪,要比重标枪更长。

拥有此类装备的步兵就构成了军队的主力军;在罗马共和国时期,骑兵队在军事战略上一直都不太重要,就像在古希腊的军队中一样,骑兵队往往在方阵两翼起防御作用,追击落败的敌军,并协助轻步兵们打开战局。骑兵队由那些有能力购置马匹的贵族组成,不过后来罗马开始为其中一部分骑兵配备公务用马,但我们尚不清楚挑选这种能享有公务用马的骑兵(equites equo publico)遵循的是何种标准。高级军官也都是来自贵族阶层;当然在此期间军队编制等级上也出现了"民主化改革",因为有些骑兵岗位不再仅仅保留给上流社会人士了。不过虽然如此,骑兵队主要成员还是贵族、元老院长老和上流显贵们的子弟:这一点仅从波利比奥斯的撰述中就可以推断出来了,按照他的说法,要担任政坛职位的前提是在军队中服役满10年,而当时骑兵队的服役时间则正好就是10年。

罗马军队的一般作战步骤是在轻步兵和敌军交火开战之后,由青年兵接替顶上。一旦青年兵队伍陷入困境或者不得不后退,就由壮年兵上前迎战,他们可能是穿过青年兵队伍再向前行进的。而最后的援军则是成年兵:一旦决战关键落在他们身上,就意味着战况已经到了胶着的危急关头,有一句俗语讲的就是这种情况:res ad triarios redit("左右事件结局的是成年兵")。这句话在日常生活中也常会出现,指的便是情况十分危急。成年兵是最富实战经验的士兵,他们不能被那些畏缩不前、犹犹豫豫的战友们所影响,而是必须稳固前线作战阵营。在排兵布阵上不是非常细化的步兵方阵中,位于后排行列中的士兵往往参战程度不高,与之不同的是,将步兵分成三条阵线的调遣方式能使整个军队更灵活机动。罗马军团之所以能超越其余希腊化时代的国家,三线阵作战方式应该也是其中一大原因。

军队中指挥官之间的上下级关系也反映了罗马社会的等级差距。整个军团的指挥官是拥有最高执政权力以及占卜权(auspicium)的高官,一般就是两位最高执政官。他们通常出身于古罗马贵族阶层或平民家族中的上流阶层。从公元前4世纪开始，平民也和贵族一样，可以被选举担任执政官这一最高职位；如果某平民的家族中曾出过一位执政官，这个人就会被称为世荫贵族（nobile genere natu）。最高执政权力指的是对由罗马公民集结而成的军队的指挥权；而占卜权指的是有权代表各地区，以神的名义来宣称作战（或其他）计划是正当合法的。为了能合法且顺利地独立指挥军队，这两项权力都是必需的。紧急状态下的最高官员，即独裁官，以及身份仅次于执政官的法务官们，也能获得这种最高执政权力和占卜权。与法务官不同的是，独裁官只有在特别危急的情况下才会被选举出来，而且——和其余大部分官员不同——最多只能在位半年，而在此期间，他一人独享大权，军队也只有他唯一一位统帅，不过他会同时任命一位骑士统领（magister equitum）从旁协助自己。

随着罗马势力范围的日益扩张，通常需要在多个地区，而且有时候是长时间作战——为了适应这种状况，罗马最高执政官就算是在任期结束之后，还能继续掌管军事指挥权，或是把指挥权交给毫无一官半职的公民，往往也就是前任执政官；而这些人就是资深执政官，慢慢地，他们也成了负责各个行省管理的最高长官。

公民大会选举出来的16名军事保民官也是军团高

官的重要成员，他们必须是经验丰富的将领，并且拥有成为骑士团成员所必需的基本家产，也就是按其资产属于罗马共和国的第二阶层。一般他们都会担任各个军队的指挥官，每个军团有6名军事保民官，其中两名负责该军团的内务管理。到了后期，执政官可以在军队中任命其余军事保民官，这也使得军团成员更加年轻化，因为这些人大部分都是贵族子弟，他们试图通过这一途径来立下自己的首个军功。

军事保民官中职位较低，但在军队中举足轻重的是百夫长（centuriones）。这些军官都是从普通士兵中提拔上来的，他们负责指挥一个百人队；一个军团中有60名百夫长，每个支队两名。百夫长之间也存在明显的内部等级差异，右翼第一支队的百夫长是等级最高的首席百夫长，有权参加高级指挥官的作战会议；首席百夫长之下则是后一支队的百夫长们。百夫长是普通士兵所能获得的最高职位，他们是军队的主力，也是下级士兵们的楷模，一场战役的胜负往往就取决于百夫长们的表现和态度。根据波利比奥斯的说法，该职位需要的一般不是勇猛之士，而是经验丰富、稳重可靠的士兵，能够听从指挥并起到带头作用。罗马共和国时期军队中的其余军衔还包括百夫长的副手（optio），一般负责行政管理事务，还有负责扛旗帜的旗手（signifer）等。

在文献资料中，普通士兵最重要的是做到服从军纪（disciplina militaris），通常得毫无怨言地执行上级的命令，而且必须绝对服从军队中的上下级关系。罗马共和国中期几乎没有出现过任何兵变，一旦发生叛乱，参与者都会遭到严酷的军纪处罚，那些不服从命令或者反抗命令的人会遭到毫不留情的严惩。惩罚措施包括扣军饷、体罚和降职，如果违纪情况特别严重，甚至会被处以死刑。如果整个作战队伍发生了严重的集体违纪行为，会按照十一抽杀律（decimatio）加以惩处，也就是对应予处罚的队伍进行大范围严惩，其方式是从每十个人中抽出一人用棍棒打死。十一抽杀律是最严苛的惩罚方式，只有在极少数情况下才会用这种方式惩罚将士们，但直到罗马帝国时代的战争法规中，还依旧保留着这种处罚方式。

罗马共和国早期并不会向士兵支付军饷。最早在公元前4世纪时才开始以补贴形式发放薪金（stipendium），但一开始数目也很小。到了公元前2世纪，一个普通士兵（miles）拿到的补贴约为75第纳尔[①]，百夫长是其两倍，

[①] 第纳尔的名字来自于罗马帝国一种被称为 Denarius 的银币。Denarius 的意思是钱。——译者注

而骑兵则是普通士兵的三倍。士兵们或许可以用在军团服役获得的军饷来抵用生活开支和购置武器装备时花费的一部分费用。

罗马军团对后勤运输保障也有着很高的要求，波利比奥斯就在文中花了好几页细数罗马建造军营时采取的一系列耗费颇高的防患措施，其字里行间俱是惊叹的口吻。行军大营都是按标准化模式建造的，每次兵力调动过后都会按照同样的方式再次建造一模一样的大营。建营的地点、帅帐的位置以及每个作战单位搭建营帐的地方都是固定的。如果波利比奥斯的描述属实，那么，矩形的军营以及营地中纵横交错的道路看起来就像是一座小城，其中各个区域都有自己特定的功用——连内务和哨岗单位的位置都是固定的。不过这种教科书标准当然也不太可能会被完完全全地搬用到任何一种地形中，建营时定然也必须适应各地的具体环境。选择行军大营建立地点时，最重要的就是保障水源供给以及一块能避免遭到突袭的合适营地。

最后拍板决定是否作战的是罗马的上层精英们，他们基本上都倾向于开展军事行动，而且这些决定一般也能获得罗马公民的支持，这些普通公民是战事的最终承担者。历史学家李维曾描述了一位名叫苏普利乌斯·李古斯第努斯的士兵楷模，他曾参加对阵马其顿国王腓力五世的战争，也曾在西班牙等地作战，服役时间早就超过了规定的16年，期间晋升成了首席百夫长。李维将他塑造成了一名知足常乐、乐于服从命令积极作战、同时为身为罗马军人而自豪的战士，苏普利乌斯不仅会积极完成自己职责内的任务，还会主动参加额外任务并由此成为战友们学习的楷模——这完全是罗马军队中的斯达汉诺夫①。对奥古斯都时代（公元前27年—公元14年）的历史学家李维而言，苏普利乌斯代表的是罗马共和国中期在中小农民阶层中起着主导作用的一种典型思想。崇高的理想主义之所以被大肆赞美，自然也就意味着无论是普通的军团战士还是军队高官们都能从胜仗中获利。除了军饷之外，普通战士还能获得一部分战利品，尤其是在对阵迦太基、马其顿和塞琉古的战争中，战利品是非常丰厚的。全胜而归时，战士们就能荷包满满地衣锦还乡了。在这一点上，下层军官们的高昂斗志无疑和高级指挥官们是完全一致的。

从寥寥无几的资料中，我们可以推断，如何分发战

---

① 阿列克塞·斯达汉诺夫是苏联被载入史册的采煤工人和劳模，1935年8月31日，他在一班工作时间内采煤102吨，超过普通采煤定额13倍。——译者注

利品是由统帅们说了算的。按照惯例和统帅们的个人做法，他们会把一部分上交国库，另一部分则下发给将士们，此外，当然也少不了感谢神祇庇佑时要献上的物品。剩下的战利品可能会全部留给自己，或分发给参战的亲信们。至于份额多少则完全由统帅们自己定夺，但一般也都是有惯例可循的。不管怎样，由于罗马在各场胜仗中获得了丰厚的战利品，到了公元前167年，甚至取消了公民们要上交的直接税（tributum），这些税赋原本是用来支付军费的。早在公元前4世纪和维埃开战时，就已经开始征收这种直接税了，由于随后大小战事和各种冲突不断，直接税也都是定期征收的。但自从公元前167年开始，罗马开展军事行动所耗费的巨资变为由战败方承担或是从各种间接的税赋中获得。

第十章

罗马共和国后期：成为不稳定因素的战士们

罗马人取得了罕见的军事成就，但也为此付出了代价：从公元前201年第二次布匿战争结束之后，到公元前91年罗马与其盟友之间爆发战事，这期间，几乎没有一年是没有战事的，而且大部分时候都是在多个战场作战。战线从西边的西班牙延伸到东部的小亚细亚，从南边的非洲一直延伸到北部的高卢和伊斯特拉半岛。不过在此期间，大型战役罕有发生，一般都是镇压起义、平息被武力吞并地区的争端、围攻要塞或者讨伐战。这些军事行动对意大利人民而言无一不意味着严苛的赋税和沉重的负担。每年参加武装行动的军团均不少于3个，在这一时期，每4年就必须进行一次大规模的征兵。尤其是在公元前190年，投入战场的一共有13个军团，这也是当时的历史最高纪录，不过同时调动10个或12个军团的情况也并不罕见。这就意味着，不包括海军舰队在内，当时每年平均有8万到10万的罗马公民及罗马盟国的公民在服兵役。就算对人口密集的意大利而言，这个人数也是极其庞大的。因此，毫不奇怪的是，由于需要招募大量兵力，另外又受到社会经济方面的因素影响，公元前2世纪期间，意大利符合兵役要求的男性人数越来越少，这一点我们从一些文献资料中也可以推断出来。与之相应地，现役士兵的压力就更大了。由于士兵们需要在多个海外战场持续地长时间服役，一年一度的征兵惯例也渐渐被取消了。

公元前133年—前123年期间，提比略·塞姆普洛尼乌斯·格拉古和盖约·塞姆普洛尼乌斯·格拉古兄弟曾试图通过向贫困的小农分发土地以及通过相应的移民措施来解决日益沉重的负担，但最终还是没有取得预期的成功。不过盖约·格拉古在公元前123年作为当时的平民派保民官，还是一定程度上顺利地减轻了民兵的压力：一方面，他明令禁止征召17岁以下的男性入伍；另一方面，规定士兵所需的武器装备从此之后由国家财政支出购置。这些措施在当时是非常必要的，同时也表明，那时确实越来越不容易招募到足够的新兵,而且不少士兵由于必须服兵役,在经济上陷入了困境。此外,很可能在格拉古实施改革之前不久,入伍加入军团的财产要求也从第二次布匿战争之后的 4000 阿司下调到了 1500 阿司,这一事实也从另一方面证实了当时罗马招募新兵时遇到的困难。财产额度的下调使得那些贫穷阶层的公民也被征召进了队伍,这些人当然不可能有能力购置必要的武器装备。

从一些研究资料中还可以看出,在部队人数不断攀升的同时,出现了新的问题,也就是罗马军队的整体质量正在下降,其征兆便是罗马在公元前 2 世纪下半叶的一系列战事中——其中包括在西班牙的漫长拉锯战(公元前 154 年—前 133 年)、在西西里艰难地镇压当时的奴隶起义(约公元前 138 年—前 132 年)、对阵努米底亚国王朱古达的战斗(公元前 111 年—前 105 年)以及在公元前 113 年和公元前 105 年期间迎战日耳曼部落基姆布利人以及条顿人的战争——都遭到了惨痛的失败。当然,在这些战争中,作战形式都是各不相同的:在西班牙的战斗与在西西里亚类似,主要都是持续的小规模战斗,包括小范围冲突、埋伏、攻城、公开处死敌人以示惩戒以及大规模的屠杀行动;而在努米底亚,主要则是沙漠战，尤其是当时军队的后勤保障出了很大的问题，在这场战斗中，敌人由于熟悉地形尽占优势，当然罗马的失利也是因为其官员们腐败不堪；在对阵日耳曼人时，由于对对手不熟悉，又惧于其独特的作战方式，罗马人失去了在这些大型战役中的优势。

在这一场场战斗中，罗马军队的各种问题渐渐突显了出来。在指挥官的层面上，罗马人的政治体制以及上层精英人士穷兵黩武、野心勃勃的追求，使得除了一些将帅之才之外，偶尔也会有一些不太有军事能力的人担任军队指挥官，并且往往他们都没有经验丰富的参谋人员以及配合默契的组织团队在旁协助以弥补其不足。此外，由于军队的最高指挥官需要每年轮换交替——罗马的行政长官职位按照法规必须每年轮替——这就使得各军队很难制定一个长期的作战规划。同时，由于每个最高指挥官都希望在任期内能尽可能多地积累个人战绩，这就使得他们往往会不顾罗马的整体利益而盲目采取行动。

此外，普通士兵在西班牙或西西里亚等战场上作战的士气也在下降，因为他们不但几乎不可能在这些地方获得什么利益，反而要面对顽强的劲敌进行艰难而危险的战斗。这就导致军队里充斥着恼怒不耐的情绪，也出现了一些无纪律现象，甚至有时还会爆发兵变。而且新兵也无法得到预期的良好训练，加上战略战术布置上的缺陷，导致这一问题愈发恶化：三线阵曾在对抗希腊化时代各国的方阵时显得灵活机动，占尽了优势，但在面对游击战时，却显得异常笨拙迟缓，显然不太适合对阵行动快速、擅长隐蔽的小队敌军。

尽管有种种问题，但不得不强调的是，罗马在当时依旧是地中海地区实力最强的国家，在公元前2世纪—前1世纪，几乎没有任何国家能与之匹敌。同时，罗马人也认识到自己军队中的问题，开始采取多种方式来进行改革，这也证明了罗马人是十分有远见的。根据古罗马历史上的记录，大部分军事改革都指向了同一个人——盖乌斯·马略，他一反传统惯例曾七次连任执政官职位，在任期间击败了努米底亚国王朱古达（公元前105年），随后还打败了基姆布利人以及条顿人（公元前102年以及公元前101年）。当然有可能历史书上提到的军事改革事实上并不全都是盖乌斯·马略提出来的，有些措施或许只是他人根据现状所做的逐步调整而已。不过可以确定的是，盖乌斯·马略改革了军团的编制，把30个支队分成10个大队（Kohorte），此后，大队成了军团中最重要的基本作战单位；但军团的整体人数并没有因此产生太大的变化。每个大队的规定人数为480人，因此，和原来相对较小的支队相比，其作为一个基本战术团队的作战能力更强，也使得整个军队更加机动灵活。最晚到恺撒（公元前58年—前45年）发动的战争期间，大队的编制方式得以大规模施行，直到罗马帝国后期，它都是罗马陆军的基本作战单位。

此外，马略还首次用数字来给军团编号，并把鹰徽作为军队标志下发给各个单位。这两项举措都能加强士兵对所属作战单位的认同感；尤其是编号方式更方便了全面管理整个军队，为调兵遣将提供了便利。同时，这也首次证明，罗马国防军此后不再是一支把多个战区的不同队伍集结起来的军队，从本质上来看，这已经是一支统一的队伍，它们被分到各个地区各自执行军事任务。不过这项改革也是到了恺撒时期才在文献中有所提及。

根据史料，盖乌斯·马略还进行了一些武器技术上的革新：最重要的是他在重标枪——这是罗马军队用以投掷的标枪——的两截枪柄接合处装了一枚木质销钉，一则是用来固定枪柄，同时，万一敌人被这种重标枪刺中后打算将其拔出来再扔回到对手身上，销钉就会断裂。

盖乌斯·马略及其他相关负责人还曾在某段时期内采取措施确保士兵能得到更好的训练。在罗马共和国，新兵训练并不是系统化的,一般都是由招募军队的统帅负责对其进行集训。这些统帅必须派经验丰富的老兵和长官们训练新人,教会他们必要的战术和技术知识,并贯彻落实各项军纪。盖乌斯·马略花了不少工夫让那些因为败给日耳曼部落而心生畏惧、士气低落的士兵们重新振作起来,再次跟这群让人觉得害怕的劲敌作战。除了武器知识、军事操练和战术演练之外,心理战术也是非常重要的:盖乌斯·马略特别重视一点,他让自己的战士们渐渐了解日耳曼人的言行举止以及所思所想,这样才能彻底击败敌人。而最后的胜利证明他的做法是完全正确的。

但盖乌斯·马略的改革措施中最成功的应该是征兵方式上的改变。罗马历史学家撒路斯提乌斯曾提到盖乌斯·马略在向朱古达开战前招兵买马的情形:"在此期间,他都是亲自去招募士兵,既不看他们的出身,也不看他们的财产登记,而是看他们是否有意入伍,其中大部分都是按照人头交税的人(也就是无财产者)。"(选自林道尔的德译版)撒路斯提乌斯在这里提到了两个根本革新:一是马略在征兵时不再看重对公民的财产要求,二是他招募来的大部分都是自愿入伍的士兵。

对来自底层社会的士兵而言,尽管当兵拿到的军饷有限，但这却意味着自己身为公民的社会地位会有所上升，会有一定的收入，甚至很多时候在经济上也可能有更大的上升空间：对这些人来说，入伍当兵不只是一种负担，反过来也意味着更多的机会。

当然，对军队的最高指挥官而言，这些士兵加入军队后，也意味着他得面临新的难题。首先便是得想法子为这些人配置武器装备，因为他们自身根本没有经济能力去购置。更棘手，而且从罗马共和国历史上来看也最关键的难题是：如何在战役结束后安排那些退伍的士兵，也就是老兵。在此之前，都是让退伍士兵回到自己的农场，好让他们能由此维持生计——尽管事实上这早就已经成了一种不切实际的设想，因为等这些老兵退伍回来时，他们原有的农田不少已经被人侵吞了——但随着军队开始招募越来越多的无地公民，如何安置退伍士兵的难题变得愈发棘手起来。很多士兵开始把当兵看作一种职业；原本招募自耕农让他们作为民兵为国效力，等服完兵役后再让其回到自家农田的这样一种军事体系开始慢慢瓦解，尤其是服役时间的不断延长更是加剧了这种趋势。因为战士们需要在意大利之外的地区长期作战，而越来越长的军旅生活也使得他们渐渐无法适应普通的平民生活。

罗马人的传统观念深受保护关系的影响,士兵们在自己的统帅麾下服役,等退役之后,他们依旧会把原本的指挥官视作自己的保护人,并期望他们能让自己回归平民生活,具体一点也就是能分配给他们一块土地,好让他们退伍后能养活家人。但大规模的分地必须取得有关政治机构的同意,如果没有元老院以及公民大会的许可,便是不合法、无法得以施行的。这就意味着,要有效解决日益紧迫的退伍军人问题,就需要元老院和各大统帅之间通力配合、密切合作,但这却往往难以实现:元老院多数会大力反对给退役士兵分配土地好让他们移民定居,因为他们担心一旦这些统帅麾下的士兵回故土定居,而这些人又认为旧主是自己的保护人,就会让这些统帅拥有一大批追随者,而随着其权力的日益累积,上层贵族之间原先的共和关系就会遭到破坏。因此,一旦涉及移民法规,元老院和军队统帅之间就会产生冲突,而这些矛盾完全无法用合法的手段得到解决。有些统帅,比如盖乌斯·马略和后来的恺撒,就会绕过元老院,转而去争取获得公民大会的支持,而其余的人,比如苏拉,在罗马内战中获得了最后的胜利,因此在考虑如何安置退伍士兵问题时就完全不需要有任何顾虑,直接就颁布法律实行自己的决策了。

元老院毫不顾及退伍士兵的诉求和需要，就使得这个问题变得更加严重。元老院曾是罗马国内最高的权力机构，象征并管理着罗马共和国，没有任何组织能与其相提并论，但现在，在那些士兵们的眼里，它已经失去了原有的威望，元老院渐渐陷入了合法性危机。就这样，士兵和国家机构之间的关系日渐疏远，他们自然不会再全盘接纳这些机构做出的决定，有时候甚至会违背这些合法机构的命令而开展军事行动。从以下两起重大事件就可以看出，士兵们的这种态度转变所带来的严重后果：公元前88年，执政官卢基乌斯·科尔内利乌斯·苏拉率领自己麾下驻扎在坎帕尼亚地区的军队进军罗马，声称要在那儿追捕并剿杀自己的众多敌人，其理由便是公民大会剥夺了他的一项军事指挥权——事实上，苏拉的行为就是政变；公元前49年，在公元前58年—前50年期间用艰苦卓绝的战役为罗马攻下高卢的地方行省总督盖乌斯·尤利乌斯·恺撒率领自己的军团渡过了象征罗马公民权地区和行省分界线的卢比孔（Rubicon）河，用武力实现了自己的政治图谋，因为他担心如果自己采用和平手段回到罗马，就有可能会被政敌干掉。这两起事件最后都引发了血腥的内战：国家内政不再由议会官员或通过公开讨论决定，而是由军人及其部队在战场说了算。

之所以会走到这一境地,自然还有其他的原因:苏拉和恺撒都是肆意妄为的人,他们把自身利益和野心放在国家利益之上;他们不再遵守贵族间原本的章程,反而开始带头破坏这种关系;他们能如此瓦解罗马共和国,就是因为自己麾下有供其驱使的军队,当然,这些军队原本的使命是与之完全不同的。公元前91年—前88年期间,苏拉的军队曾在意大利中部和南部地区和罗马原本的同盟国发生过战斗并最终获胜。而恺撒的军队曾在占领高卢后占据了意大利北部地区。在经历过战功赫赫的漫长战役之后,这两支军队对自己的主帅都是盲目服从的。

可见,军队也能成为个别统帅干涉内政的工具,并成为他们瓦解共和国体制的致命武器。不过以军队为武器的做法并不一定会引发内战:用进军罗马作为威胁,或者让退役军人担任公民大会的禁卫军精锐部队,类似这种举措就能起到长久的恫吓作用了。尽管并不是所有的罗马军队统帅都是不讲信义之辈,但公元前88年—前30年期间的这段历史表明,拥有高级别的指挥权以及对众多军团的调配权是至关重要的,这能让军队统帅更好地向其余贵族施加压力,这么一来,维护贵族间共和关系的基本原则就遭到了破坏，尽管当时大部分贵族还是遵守并接纳这种原则的。

一如以往的是，大部分军队指挥权都是局限在各个行省之内的，也就是受到时间、空间以及军队所要执行的任务限制，因此，只有极少数统帅才有机会获得能对抗元老院的强大军事力量。在元老院看来，这种从机构制度上限制军队行动范围的举措是非常必要的；不过随着罗马军队占领的地域范围越来越大，经常会需要各地区合作来进行跨区域的军事行动。当年抗击海盗的战役就是一个极佳的例子：从公元前80年开始，海盗就成了整个地中海地区的不安定因素，有时甚至还会骚扰破坏罗马附近的正常航线。由于海盗的据点遍布整个地中海东部地区，局部作战方式根本无法有效剿灭海盗。因此，公元前67年，公民大会不顾元老院的意见，委任已经多次立下军功的格涅乌斯·庞培——不过他的个人成就一般都不是通过合乎法规的手段取得的——对抗海盗，并授予其整个地中海地区的军事指挥权。庞培取得了决定性的胜利：他拥有足够的权力，又能调用罗马国内陆地和海上的庞大资源，凭借明确的战术规划和统一的军事行动，庞培在三个月内顺利击溃了海盗。他的优势就在于，可以不用顾虑其余机构组织的意见，能作为唯一的最高指挥官开展行动。

由此可见，如果是为了解决因国土面积太过庞大而产生的问题时，完全有必要赋予一些高级指挥官集中的权力，但对罗马共和国政治机构的运作机制及其国家机构的权威性而言，这无疑同时也意味着风险的存在。庞培在对付海盗以及之后对战本都国王米特拉达梯的战争（公元前66年—前63年）中都取得了胜利，解决了罗马面临的外部危机，这么一来，很多别的贵族也试图效仿庞培，以此为自己赢得手握大权的机会，比如恺撒和克拉苏就是如此，他们为了达到个人目的，没有接到任何具体军事任务就开始了旷日持久的战争。恺撒占领了高卢，并成了罗马共和国的终结者；而克拉苏在伊朗地区对阵罗马劲敌帕提亚帝国，原本对方并没有挑起任何争端，是克拉苏自己擅自向其开战，而最后，公元前53年，克拉苏在卡莱战役中阵亡。

恺撒是一个充满争议的政治家，却是非常杰出的军队统帅。他不仅熟谙将士兵们紧密团结在自己身边的各种方式，而且其个人的骁勇善战、精通战术的能力也十分令人敬佩。他麾下的士兵们有很多机会掠夺各种财物，除了军饷之外，恺撒还许诺他们能得到别的特殊奖励，比如土地，而其中最勇敢的战士还能获得晋升的机会。

尤其是在各次讲话中，恺撒更是将自己身为统帅的个人魅力发挥到了极致，就算是在危急情况下，他也能成功地号召手下将士们对他保持忠诚（fides, 古罗马表示誓约、忠诚与信仰），让他们信守责任感和身为军人的荣誉感。他有时会身先士卒，不顾任何危险亲自冲锋陷阵，身体力行树立榜样，让那些原本犹豫不定的战士也能奋战到底。

不过无论是战术还是组织上，恺撒都没从根本上改变罗马的军务，而是完善了现状。在高卢战争期间，他提高了对手下士兵的训练要求，对军队的后勤供给和户口登记事务做了明显的改善，和国内外的对手相比，在这一点上他都要遥遥领先。最为人津津乐道的是恺撒军团在调配各队伍时的快速机动，往往能让敌人出其不意；之所以能做到如此，就是因为恺撒和之前的马略一样，都重视小型作战单位的重要性，尽可能减少随军的辎重队。大队的编制体系能让他更好地调配各个队伍，因为一旦有作战必要，他就能灵活地调动军团中的一个或多个独立的大队。在攻克要塞、对阵小队敌军或守卫军营时，他们既能单独行动，也能联合作战。高卢地域辽阔，而恺撒麾下的士兵人数与该地相比又有所不足，因此，为了有效掌控高卢地区，就必须能灵活机动、快速有效地调配各个军队。

公元前58年高卢战争开始时,恺撒麾下有4个军团,此后,他的作战队伍不断扩大,直到公元前53年—前52年,高卢人爆发大规模起义——尽管是徒劳无用的起义——反抗侵略者罗马人时,恺撒统帅的当地军团达到了最大规模,共有10个军团——也就是大约50000人——加入了他的队伍。这些军团都是从辅助部队(auxilia)——也就是从各地同盟国的军队中——抽调过来的;每个军团都会配备一支骑兵队。在招募骑兵这一点上,恺撒延续了罗马人的传统做法,也就是从外族征召骑兵。第二次布匿战争之后,罗马一般都是从努米底亚和西班牙,后来也从高卢招募骑兵;因此,恺撒是第一位拥有日耳曼骑兵队的统帅;这些骑兵队的战士在作战时都会配备符合其家乡习惯的武器装备。骑兵队为恺撒带来了无数胜利,因此,他在撰文时也曾多次褒奖他们:骑兵是启蒙者,他们是指挥部的掩护部队,能征调物资和生活用品,还能保卫行军队伍。在战场上,骑兵所担负的任务和古希腊骑兵队是一样的:保护己方阵形的两翼,同时攻击对方阵形的两翼,扰乱敌军的步兵队伍,追踪逃跑的敌人。不过可以确定的是,在恺撒麾下——包括在整个罗马军事史中——骑兵队都没有像在亚历山大大帝的队伍中那么举足轻重。

公元前49年,恺撒率领麾下经验丰富、对其唯命是从且战斗力强大的部队攻进了故乡罗马城,在经过持续5年的内战后,罗马共和国瓦解了。为了追求自己的个人功绩,获得荣誉(gloria)和尊严(dignitas)——这基本上是每个罗马贵族都梦寐以求的人生价值——恺撒甚至把所有的权力都集中在自己手上,推翻了罗马的共和国体制,实际上就是确立了自己的独裁统治。在公元前1世纪期间,恺撒的这种谋图个人独裁统治的想法越来越强烈,同时,原本的共和国国家统治机制在管理日益庞大的国土时暴露出来的缺陷和不足,更是加剧了罗马共和国的瓦解。

不过,恺撒之所以能这么成功,就是因为他手下的战士们已经不再把自己视作普通公民,而是职业军人,他们只会跟随那些能给自己带来最大利益的人。因此,为了确保国内政局的稳定,维护国家政治体系,罗马共和国当局的任务便是要解除因贵族们谋求自身利益的想法以及军队图谋自身利益的行动而可能带来的所有潜在危机。

第十一章
奥古斯都和古罗马帝国：
被派驻边境的军团士兵

公元前44年3月，处在权力巅峰期的恺撒遭到维护共和国体制的贵族们谋杀而身亡。不过这次刺杀行动并没有如叛乱者们所期待的那样带来共和国的复兴，而是再次引发了一系列的内战，直到公元前30年，才由恺撒的养子屋大维结束了这场战乱，而他本人也由此成为罗马的独裁统治者。不过屋大维巩固权力的方式却是非常聪明的，他依据原来罗马共和国的宪法，以合法形式当上了罗马的最高行政官，其中最关键的自然是因为他拥有最重要的权力工具，也就是自己的军队。对屋大维而言，首要的军事政治任务便是确保自己能长期拥有对军队的指挥权。

不过,作为罗马帝国的首位皇帝,为了维护国家稳定、巩固自己的地位,这位新任统治者面临一系列的难题:首先,屋大维必须把在内战中原本为各方而战的军队整编成一支统一的队伍,尤其是要接手自己最后、同时也最厉害的对手安东尼战败后留下的军队;其次,要为退伍士兵的安置问题制定持久的解决方案,这也曾是罗马共和国后期给国家增加沉重负担的一大难题;同时,他还必须尽可能充分地利用有限的物资来维护这个庞大帝国的安稳,甚至继续扩大其疆域。为了实现这些目的,屋大维必须避免他人手中的权力过于集中的情况,否则就会威胁到他自身。为此,他必须获得罗马帝国境内所有军队的最高指挥权,并在来自统治阶层各种对手的抗议声中执行自己不受任何限制的绝对权力。

不过屋大维在获得胜利后并没有有效地解决所有问题。他对罗马的统治一直延续到公元14年,在其漫长的任期内,屋大维一步步发展完善了罗马境内完整的防御体系,在随后的几百年间,这一防御体系的基本特征都得到了保留,同时也决定了我们如今对古罗马军事面貌的认识。在建立该防御体系的过程中,关键性的一步是公元前27年,恺撒的这位养子不仅被授予奥古斯都

(Augustus，指超越常人的权威)这一光荣称号，还在周密计划之后，与元老院分辖罗马的各个行省。当然，这些所谓顺应民心的举措应该也都是事先在全国范围内制造过舆论导向的。在和元老院分辖行省的过程中，最关键的是，屋大维得到了边境各个局势不稳定的行省，那里也是大部队驻扎的地方——同时他还承诺，等边境行省恢复安宁之后将其交还给元老院管辖——而元老院则得到了境内各形势安定的行省，不过这些地方的驻军人数一般就比较少了。皇帝分到的主要行省有高卢、西班牙和叙利亚，他拥有这些地区 10 年的管辖权，而元老院分管的有马其顿以及北非等地。奥古斯都被授予行省总督的指挥权（imperium proconsulare）并以此来统帅所辖境内的军队，而元老院管辖境内的军团则由各地方总督统帅，不过这些地方行省总督在军事上并不隶属奥古斯都。可见，奥古斯都一开始所拥有的指挥权还是受到诸多形式上的限制的，他并没有统帅整个罗马帝国的全部军队，也没有解决掉所有的潜在对手，而且，他所拥有的、作为最高指挥官权力基础的行省总督指挥权，也是有时间限制的。

不过，公元前 27 年定下的政治体系渐渐在各方面都被调整了过来：各个行省中的队伍被多次整编，最后，元老院管辖下的行省中只有一个是有驻军的，即阿非利加行省（差不多是如今的突尼斯地区）。在此期间，所有拥有驻防军队的地区最终都归奥古斯都统辖。公元前23年，奥古斯都被授予高于诸行省总督的指挥权（imperium proconsulare maius），也就是他可以统帅所有行省，包括元老院所辖行省内的全部军队。直到他的继任者提比略登基，奥古斯都才交出了手中的这项指挥权；不过他必须定期向元老院证明自己的军事能力。奥古斯都渐渐拥有了对军队的独断统治权，也正因此，他能根据国家政策——同时为了维护自身权力——的需求，调配军队为其所用。在管理各个地区的过程中，奥古斯都把指挥权交给了自己派遣下去的使节（legati Augusti pro praetore——奥古斯都指派的使节，他们拥有法务官的指挥权），他们负责统帅各地区的作战队伍。不过在此过程中，奥古斯都特别重视一点，即尽可能避免某一位下级指挥官手中拥有过于庞大的军队，因为这种权力集中的情况有可能会对自己造成潜在威胁；奥古斯都主要依靠他对军队的绝对指挥权来巩固自己的地位。如果必须要集结大批军队，比如在公元前15年—前12年期间的阿尔卑斯山战役或公元6年—9年镇压潘诺尼亚大起义时，奥古斯都就会把指挥权交给那些他确信会对他保持绝对忠诚的人,比如他最信任的部将阿格里帕以及自己的继子杜路苏斯和提比略。

退伍军人最后得到了妥善安置,由此,奥古斯都也解决了这个曾给罗马共和国带来沉重压力的难题。国民军中的大部分退伍军人(emeriti)被分批安置到意大利的各个殖民地定居,分配给他们的土地中,有一部分是从原先的土地主人那里购置而来,有些则是没收了内战中原属于战败方的土地而得来的。尽管很多士兵原先都是农民出身,可以由此安身立命,但这项政策毕竟不是长久之计,因为亚平宁半岛上并没有足够的土地供这些人移居,而且退伍军人们对生活的期待也都各不相同。因此,奥古斯都转而用货币来安置大部分退伍士兵,并为此设立了一个专门的军用公共金库(aerarium militare)。拨付给这些士兵的款项都是按照他们的军阶等级、服役时间和兵种等分级下发的,不过一般都能让他们过上丰衣足食的生活。同时还依旧执行土地分配政策,在奥古斯都及其继任者在位期间,实行土地分配的当然主要是各个行省,退伍士兵被安置到了当地无数由罗马人管辖的城市中。士兵要享受这些经济以及其余方面的优先权,前提条件是他们必须是光荣退役的(honesta missio),或者是因伤残退役的(missio causaria)。如果是因为犯了重大过错等原因不光荣地退役（missio ignominiosa），就无权享受这些优待。从克劳狄乌斯（41年—54年在位）开始，像禁卫军或辅助部队等特殊军队中的士兵在光荣退役时，与整个队伍相关的信息都会记录在一份专门的军事档案中。这份官方档案里记录了包括队伍的兵种、来源地、作战地区以及该队伍退伍士兵所享有的权利等信息，因此，这些档案也是研究罗马帝国时代社会史和军事史的重要文献资料。

这些资料也证明了当时罗马军队内部的专业化和官僚主义。最迟在奥古斯都开始实行元首制时——这是罗马的一种君主专制政体，创始人为奥古斯都，在这样的政体中，皇帝即为"第一公民"——罗马军队就已经成了一支职业军队，是一支拥有统一行政管理机构、职业晋升体系和固定驻扎地的卫戍部队。在奥古斯都及其继任者统帅下的罗马帝国军队拥有多个兵种，不过主力部队依旧是重装备步兵军团，其中的战士都是从罗马公民中招募而来的。此外还有从各行省征召集结的辅助部队（auxilia）、驻扎在意大利的精锐部队——禁卫军，还有海军，而海军中最重要的两支队伍则分别驻守在意大利西南部的米塞努以及意大利西北部的拉韦纳。

军队的主力军依旧是罗马军团：奥古斯都麾下有25

个军团；到了200年，上升到了33个军团。军团士兵的武器装备主要是重标枪（投掷和刺杀武器）、双刃短剑、卵形盾牌、头盔以及其余承自罗马共和国后期的武器装备。同时，每个军团都配有一支拥有各种攻防武器的作战兵队。在奥古斯都刚实行元首制时，军团的机动性还是非常强的，一般按需要搭建临时使用的行军大营。但慢慢地，军团开始驻扎在固定的行军大营中，而且这些军营一般都位于罗马帝国的边境行省，比如位于日耳曼地区的重要军营就有莫干提雅库（Mogantiacum，即如今的美因茨）、阿尔根托拉特（Argentorate，即如今的斯特拉斯堡）以及温多尼萨（即如今的温迪施）。军团由之前的临时集结到各地转变为固定在各地驻防，这也反映了罗马的军事策略正渐渐转为防御性为主，其首要任务便是守卫国境安全。所有军团都有作为各个队伍标志的鹰徽，不过除此之外，各个军队也可以拥有别的徽章。所有的军团都被依次编了号码，拥有自己的名称或甚别名作为本队伍的标识：比如第7"克劳狄忠诚"军团（legio VII Claudia pia fidelis）或第21"饕餮"军团（legio XXI rapax）等。个别军团的称号上挂上皇帝的称谓，如"奥古斯都"或"克劳狄"，这是一种很大的殊荣，代表这些军团对第一公民的绝对忠诚。各个军团的标志、称号和历史能促进军团整体的团队精神,并加强各个士兵对所处军团的认同感:士兵的职业自豪感由此产生了。

每个军团都配备有相应的辅助部队,而辅助部队中的士兵往往都是从各个行省强行征召来的。罗马人经常会招募同盟或被占领地区的人民加入自己的队伍,为了掌控庞大的帝国疆域,这也是一项必要的举措,同时也有助于彰显罗马统治阶层的包容性;此外,辅助部队对各地具体情况也更为了解,在一些军事行动中能提供很大的帮助。某种程度上来看,加入辅助军队是让那些外族士兵逐渐融入罗马军队的一个有效途径。通过这种方式,不仅使罗马军团的人数得到了补充,而且也增加了一些特殊兵种,比如来自克里特的弓箭手或来自巴利阿里的投石兵,不过其中最重要的应该是骑兵队。和步兵一样,军团中的骑兵也被分成各个大队。骑兵队中最重要的作战单位是辅助队伍中的骑兵大队(ala),每个队伍一般有500人(quingentaria)。从弗莱文时代(69年—96年)开始,也有个别特别精锐的骑兵队伍拥有1000名士兵,不过这种情况是非常罕见的。骑兵大队之下则是32人的骑兵中队(turmae)。骑兵大队的指挥官——包括所有辅助部队在内——一般都是由罗马军官担任的,他们被称为骑兵团长官(praefecti equitum)。骑兵队一般都是和军团步兵一起行动，通常在战役中保卫阵形两翼或者进行快速进攻，因其机动灵活、行动快速，往往也会作为斥候兵、传令骑兵和前哨的哨兵，同时负责掠夺物资并保障军需供给（提供生活物资保障）。骑兵队的武器配置并不是统一的，因为从各个地区招募来的骑兵都拥有各自的武器；大部分骑兵队配备有头盔、盾牌，有些还会穿金属片制作而成的锁子铠甲。骑兵持有的攻击武器主要是长矛和剑。配有弓箭手的骑兵队主要负责协作，在敌方阵营中制造骚乱。

　　罗马人从被他们征服的地区招募士兵将其组建成辅助部队，并通过这种方式将各地传统军事强项纳为己用。此外，这种强制性征兵也有助于罗马人更好地管辖各地区，因为这么一来，各地符合服兵役条件的大部分民众都被征召进了罗马军队。辅助部队的士兵一旦退役，除了能得到物质补偿之外，为了奖励其为国家所做的贡献，还能得到罗马的公民权。对外族人而言，公民权就意味着社会地位的上升。这项政策也有助于让这些外族人渐渐接纳罗马人的生活方式和价值观。不过罗马公民权是很难获得的：军团士兵的服役期一般为 20 年，但辅助部队的士兵得服役满 25 年才能退役。大量军事文件证明，辅助部队士兵在光荣退役之后能获得相应的公民权，从罗马统治阶层的角度来看，这是一项非常成功的移民融入政策，而外族人融入罗马社会的最主要途径就是入伍。

在罗马帝国时代，上文介绍的辅助部队是外省士兵队伍中最重要的兵种，当然，他们并不是唯一的外族兵种。奥古斯都在宣传自己的治国之道时特别强调，要在他统治下的意大利实现奥古斯都和平（pax Augusta），并且计划在帝国国境内实现无驻兵。奥古斯都的这一设想符合罗马人的传统观念，即在城内，尤其是在公民所住区域内，不能有任何士兵，不过现实当然并非如此了：为了维护国土安全、保障自身生命安全并巩固自己的权力，这位第一公民早就秘密地在意大利境内屯驻了很多兵团，其中最著名的就是禁卫军。罗马的禁卫军由9个步兵大队组成，每队500人，最初驻扎在罗马附近的几个小城内，从23年开始，各大队屯扎在各自的兵营中。自公元前27年实行元首制之后，奥古斯都就大幅度地提高了麾下禁卫军的军饷，并撰文强调自己最重视的便是属下的忠诚和个人能力。此外，禁卫军还享有服役时间缩减为16年这样的优待。禁卫军首领被称为禁卫军长官（praefecti praetorio），他们都是皇帝的亲信，因此，尽管这些人都不是元老院阶层的成员，而是地位在其之下的骑士阶层，但也都是手握重权的人物。不过，禁卫军长官滥用职权的情况在当时也屡见不鲜：比如提比略（14年—37年）手下的谢亚努斯就曾一步步独揽大权，甚至一度掌控了整个帝国的命运；不过也有些人，比如尼禄（54年—68年）在位时的手下布鲁斯就非常亲善，一心为国为民谋福祉。在罗马，几乎无人能在作战能力上与禁卫军相匹敌，因此，在元首制的专制统治陷入危机时，禁卫军甚至曾一度帮助有些人篡位称帝，比如卡里古拉（41年）和康茂德（192年）就是因为禁卫军叛乱才被害身亡的。对每位第一公民而言，其必须要完成的一项要务便是确保手下的禁卫军对自己保持绝对的忠诚。

罗马军团中还有一个重要兵种屯驻在意大利：海军。尽管罗马一直以来都是陆军强国，不过在经历了和海上强国迦太基之间的三次布匿战争之后，罗马人为了确保自身地位，不得不开始大规模扩建原本相当落后的海军。由于缺乏航海经验，罗马人便试图通过大量使用跳板和扩充海军士兵人数来弥补自身的不足，这样就能在用跳板连接起来的船上开展类似陆地作战的军事行动。随着罗马势力范围的不断扩张，它不仅成了地中海地区的陆上强国，也成了该海域的统治者。在恺撒和庞培，以及屋大维和安东尼交战期间，海军在罗马内战中发挥了举足轻重的影响。罗马人在组建海军以及选择投入使用的战舰类型上——这也是其军事史上常见的现象——他们的劲敌,即迦太基和希腊化时代各个国家的海军,都是其学习的榜样。不过在海战中,一些特定战舰的建造和使用都必须适应当时的实际战况,因此,我们很难说哪一种罗马战船是特别有代表性的。罗马海军诸多舰艇制式中最重要的一种应该是里布尔那(liburna),这是一种源自伊利里亚地区的小型两列桨战船,非常轻便快速。罗马凭借驻扎在拉韦纳和米塞努的海军,逐渐控制了意大利的整个水域以及地中海周边的其余地区,同时还遏制了海盗活动。直到4世纪之前,几乎无人能在地中海海域与罗马相匹敌。

罗马皇帝会采取诸多手段来确保部下对自己保持忠诚:所有的士兵,无论属于哪个兵团,都必须宣誓(sacramentum)效忠皇帝。这就确保了皇帝作为军队最高指挥官的地位,所有的军事行动都是以皇帝的名义开展的。如果有些战功彪炳的将军显露出有可能会成为皇帝潜在对手的迹象,比如他们要求以自己的名义来庆祝某次战役的胜利,那么,这些将领便会被召回罗马。也就是说,所有的战绩都应该归功于皇帝,一旦失利,则都是各位统帅将领的责任,罗马帝国的最高统治者以此来维护自己完美的胜利者光环。比如在条顿堡森林战役

(9年)中,由瓦卢斯统率的罗马人在对阵日耳曼军队时遭受了惨败,这场失利就被称为瓦卢斯之祸(Clades Variana)。将士们希望自己军队中的最高指挥官战功彪炳、拥有丰富的作战经验:大部分罗马皇帝在登基之前就曾领兵作战,或者在即位之后马上开始积累战功。比如克劳狄乌斯就是如此,在成为罗马皇帝(41年)之前,他只是一名普通的贵族、学者,但在登基之后,为了征服不列颠,他亲自率领军队出征,并在最后大获全胜,也由此巩固了自己的地位。

除了凭借自身的赫赫战功,以及遵循传统,让士兵发誓效忠皇帝之外,罗马皇帝与手下士兵的互相依赖性还体现在他们之间非正式的保护关系上,这种传统的保护关系深刻地影响了当时的罗马社会。对士兵们来说,皇帝就是他们的保护者,这就意味着,他能要求部下拥戴自己并保持忠诚。反过来,他也有责任犒赏手下的辛劳,确保他们能过上有保障的生活,比如在士兵服役期间或退役之后,皇帝必须保证手下的士兵们衣食无忧;此外,如果在战场上大获全胜,皇帝还会把现金分发给手下作为奖励,给予他们晋升的机会或让将士们一起瓜分战利品。

尤其是对统治阶层来说,比如骑士(ordo equester)

以及元老院（senatorius）阶层成员，参军能让他们的履历更为出色——虽然是在皇帝陛下的庇护之下，但他们还是能因此扩大自己的社会影响力并由此提高自己的阶级意识。慢慢地，罗马军队逐渐成了骑士以及元老院成员们升迁发迹的途径，这些野心勃勃又有雄才大略的人们原本就和皇帝关系亲密，在军队历练过后，最成功的人还能被提拔到本阶层成员所能担任的最高职位——对骑士来说便是禁卫军长官（praefectus praetorio），对元老院成员来说便是大法官级别的皇帝特使（legatus Augusti pro praetor）。这些最高职位都是由皇帝亲自授予的，因此，他一般都会提拔自己最信任的、最忠诚的部下，并由此确保军队中不会有人对他造成威胁。

普通士兵也有晋升的机会。罗马军队根据不同的兵种、承担的任务、所处的等级等被细分成各个单位，不管是在指挥官、行政管理还是各个作战单位（战斗部队）层面上，都被划分成相应的等级和职能，其细致程度令人咋舌，这些名号大部分都以碑文的形式流传了下来。本文因篇幅所限，无法对此做相关介绍。不过众多军衔等级中，可以确定的根本原则是，最高职位都是留给骑士以及元老院成员这些统治阶层人士的，而下等一些的军职则是面向下层士兵的。对普通士兵来说，能爬上的最重要、最高的职位便是百夫长，也就是一个百人队的指挥官。其中，一个军团的众多百夫长中——如上文所述——会有一个首席百夫长（primus pilus，字面意思就是战场上直面敌人的第一根长矛），也就是第一步兵大队第一百人队的指挥官：这是下等军职中最高的军官职务，也是每个有野心的士兵们梦寐以求的位置。而最下等的军职则是差役军士（simplaris），也就是除了本职兵役之外，还必须承担比如挖壕沟、清理厕所和警戒等所有脏乱差的公共义务劳动（munera）的普通士兵；如果能拥有军衔，士兵们就可以不再干这些活，因为这样他们就有了豁免权（immunitas）。从首席百夫长到差役军士之间名目繁多的军衔等级也反映了罗马军队的精密化运作，这些职位涵盖了除本职兵役之外从通信、传令、卫生保障到后勤供给和财务管理等众多职务。

从上文中可以看出罗马皇帝和各个等级的士兵——也就是所有社会阶层人士——之间的相互依赖关系：为了达到、巩固或提高自己在社会上的经济、政治地位，每个人都是相互依赖的。

军队当然不能只靠信任感就完成使命，其战斗力也必须得到保障。因此，体格检查委员会在招募士兵时就会通过仔细检查来考核新兵（probatio），以此来确保军队的战斗力。新兵（tirones）会受训4个月，然后才能正式进入军队。在几近单调的日常训练中，士兵们要参加武器技术和战术上的种种练习，同时还必须完成警戒、建造军营或铺建道路等任务。从这一点也可以看出，为了确保将领们在需要时能随时调遣军队，罗马军团逐渐转变成了职业军团，这有助于提高整个军队的作战实力；在几百年间，罗马军团都是地中海地区最富战斗力、受到最好训练、同时也最血腥残暴的军队。这种转变在当时也是绝对必要的，因为和罗马帝国意图占领的庞大疆域和试图统治的众多民族相比，它在招募士兵时能利用的人口资源是相当有限的。

在实行元首制的最初两百年间，尽管参与了诸多战役，镇压了各种起义，虽然通常都是用几乎残暴强硬的手段，但罗马军团最后都取得了成功。奥古斯都的继任者提比略（14年—37年）上位之后，已经清楚地认识到，大规模的侵略战和进攻战已经超出了当时罗马帝国的军事实力；罗马的对外政策——只有在短时期内，比如图拉真（98年—117年）在位时，发动过大规模侵略战来扩张罗马疆土范围——开始转型为以防御为主。军事政策的首要目的便是保障以及守卫国界安全。这种政策转变的物质见证便是界墙（limes），有些界墙迄今仍屹立在原地——界墙是一种防御体系，能保护边境行省不受邻国外族的攻击。界墙一般由位于各地的一系列堡垒和要塞组成，其间有时会用一道道作为防御工事的寨栅或砌墙连接起来，此外还会在界墙周边挖掘壕沟来巩固防线。合理的道路规划有助于在需要时随时快速集结兵力。位于行省区域前沿阵地的城堡和要塞也有利于更好地守卫边境安全。军团大多驻扎在较大的军营中，而较小的要塞则屯驻了一些从辅助部队调遣过来的特殊分遣队（vexillationes）。界墙并不是简单的城墙，而是依据各地具体现状建设的、灵活的防御体系，能确保军队快速有效地开展军事行动。

从1世纪中叶开始，罗马帝国便是以这种防御方式来守卫日耳曼地区、列托罗马地区以及多瑙河流域的疆土；罗马人也在不列颠和阿非利加行省建造了这种界墙，不过没有确凿证据表明他们是否在东部边境的行省也设立了界墙。可以说，罗马人通过建造界墙实现了他们的最终目的：在边境得到安全守护的两百年间，意大利、高卢、西班牙、小亚细亚和北阿非利加等罗马帝国境内的各地在经济和文化上都有了欣欣向荣的发展，而帝国民众也因此受益不少；罗马和平（Pax Romana）虽然是一个意识形态上的口号，不过确实也体现了它的价值。

第十二章
罗马帝国后期:重压之下的军团士兵

到了 2 世纪后期至 3 世纪期间,上文所述的边境防御系统就开始岌岌可危了。无论是罗马帝国的莱茵—多瑙边境还是东部边界都开始频繁地遭到周边境外民族的入侵;罗马皇帝往往不得不同时在多个战场指挥作战。除了来自外部的威胁之外,235 年—284 年期间,罗马帝国内部也开始出现诸多威胁政权的不稳定因素:不少皇帝遭到谋害——通常是被自己麾下的军队——或在与敌军交战时战死沙场,篡权夺位的情况愈发频繁,多王分立的情况时有发生,内战频发,罗马帝国开始四分五裂。简而言之,罗马帝国进入了被称作士兵为王的危机时期,直到迪克里先(284 年—303 年)和君士坦丁一世（306年—337年）异军突起之后，才渐渐结束这种纷乱的局面。迪克里先在位时曾让多位首脑共同承担同时在多条阵线开展防御战的压力：除了自己之外，他又任命了一位能与自己平起平坐的正帝奥古斯都，以及两位职权在正帝之下且更为年轻的副帝恺撒，一旦两位奥古斯都退位，就由原本的两位恺撒担任正帝之位；四帝共治的制度由此诞生，其优势在于，罗马确实凭借皇帝的权力和威望在与众多外敌交战中赢得了暂时的胜利，并在一段时间内维护了罗马边境的安定；但这种制度的缺点也很快便显现了出来，在四帝共治制创始人迪克里先按计划退位交出统治权之后，其余在位的统治者随即便陷入了争夺权力的混战，给整个罗马帝国带来了巨大的灾难，这场混战的最后胜利者是君士坦丁，他也成了之后一段时间内罗马帝国唯一的统治者。

从军事史角度来看，罗马军队在此期间经历了根本性的转变和发展。在本书终章中，作为对罗马军事史此后发展的展望，下文将对这些转变和发展作一个简要的概述。

诸多登上帝位的士兵在位时间一般都非常短暂，而且在任期内通常都不得不面临两大难题：一方面，他们必须抗击外敌，保卫罗马帝国；另一方面，又不得不面对麾下士兵们提出的诸多而且往往是非常强硬的要求，并以此巩固、维护自身地位和权力。在第二点上，这些皇帝为了让将士们拥戴自己，往往会通过提高军饷、发放补贴金（往往是现金）等方式来改善士兵生活。赛普蒂米乌斯·赛维鲁（193年—211年在位）——在罗马国内危机爆发前在位的一位皇帝——曾允许士兵在服役期间结婚，而在此之前这是绝对不被允许的。赛维鲁还将士兵的军饷提高了一倍，此外还有其余优待措施。最为重要的是，普通士兵能更容易地晋升为高级军官，也正因此，在军队担任高官的元老院成员开始越来越少；大约从260年开始，越来越多的骑士阶层将士取代元老院成员担任军团副将。这些改变表明，在当时，决定能否在军队得到晋升机会的，已经不再是社会等级，而是个人的军事才能；而原本在军事职务和社会职务之间转换以求获得升迁发迹的典型做法已经退居次席，现在光凭军功战绩便能飞黄腾达。据说，赛维鲁在临死之前有一句遗言留给自己的儿子们："你们必须明白，要让士兵们发财，不要管其他人！"就算这句话并不属实，但这种倾向还是表明了当时罗马社会越发重视军队建设的这一事实。对当时的罗马皇帝及其手下的指挥官们来说，保障军队利益是比任何时候都要重要的核心任务：除了从自由市场购买之外，军队需要的必备物资开始频繁地通过征收专项税——由于通货膨胀，一般征收的都是实物——以及特别课税或强制买卖等方式筹集，由此产生的重负则全部由各个城市承担。

不过矛盾的是，与此同时，3世纪—4世纪期间，越来越多的人拒绝服兵役。对抗日耳曼人或波斯人的艰苦防御战一方面不太能带来功名和战利品，另一方面，大规模的派兵也会让那些士兵背井离乡；而且有时候罗马皇帝们还会拖欠军饷，这就让很多人觉得当兵更没有什么吸引力了。当时的战争一般都会持续很长时间，这也增加了参军的风险和压力。这些都是罗马帝国因外部威胁而要面临的困境。由于必须在相距甚远的多个战场作战，这就对军队的机动性提出了很高的要求，迫使罗马皇帝不得不想方设法实现快速机动的兵力调配。但由于作战单位都屯兵在帝国边境，这就使得军队无法快速转战到相应的战场，因为每次只要一有战事，就必须得从驻守在界墙的军团中抽调兵力组织一支新队伍，或者在受到攻击的地区加派特殊分遣队来加以支援，而这些分遣队都是从相对安全且可能距离战场很远的地区调派过来的。因此，个别罗马皇帝很早就开始组建野战部队，以便能在受到外部潜在威胁的行省进行近距离、灵活机动的作战。比如加里恩努斯(253年—268年)就曾从不同边境部队的特殊分遣队以及新兵中抽调兵力,在意大利北部组建了一支骑兵队,这支队伍具有很强的机动性,能很快赶到战区应战。不过加里恩努斯的野战部队似乎还并不是一支稳定的队伍;直到君士坦丁一世时,罗马军队才正式被细分为戍边部队(limitanei)和随扈部队(comitatenses),前者是驻守在边境诸多要塞的军队,而后者则没有固定的驻兵地点,只跟随在皇帝左右行动,由于其非常机动灵活,能有效地守卫国境安全。除了以上两支队伍之外,君士坦丁一世在位时,就已经开始设立了隶属皇帝直接管理的皇家卫队(schola palatina),其承担的便是312年被解散的禁卫军所担负的职能,即保护皇帝陛下的人身安全。这些队伍在组织机构上都是互不相关的,每支军队都有各自的军团和独立身份。

虽然当时对兵力的需求越来越大,但招募新兵却变得愈发困难了,越来越多的原本符合入伍要求的男性开始通过分期付钱、自残身体或其他手段来逃避兵役,还有些已经入伍的士兵甚至逃离了军队。1世纪—2世纪时,征兵机构还能招募到大批自愿入伍的新兵,但之后人数却开始急剧下滑。退伍士兵家的男丁们从奥古斯都时期开始就是重要的储备兵力,此时,他们全都被强制招进了军队。当局甚至开始让角斗士、奴隶和战俘入伍作战;外籍雇佣军在当时的罗马军队中是非常普遍的组成。4世纪时,罗马人开始雇佣整个部落——主要是日耳曼人——加入军团。与此同时,罗马军团的数量超过了60个,其原因应该是为了更好地派遣兵力,不过,每个军团的规定人数已经有了大幅缩减;有个别学者认为,迪克里先麾下的每个军团可能就只有1000人。

在采取了以上诸多措施之后,虽然不确定罗马的整体兵力是否有了大幅上升,不过这应该也是非常可能的:据估计,罗马军队人数在赛维鲁当政时是40万,到了君士坦丁在位时,上升到了45万。可以确定的是,罗马军队的机构有了很大转变:骑兵队变得愈发重要,尤其是机动性极强的野战部队。超重装骑兵和重骑兵(clibanarii)——这两支队伍都是配有长剑、长矛和大圆盾的重装骑兵——被分派到罗马帝国东部疆域的军队作战,以便与拥有相似武器装备的波斯人相抗衡。

步兵通常都是以方阵形式作战,以便抵抗敌方骑兵的攻击。步兵的武器多数都是在分散于边境各行省的军工厂(fabricae)制造的,各地的武器配置差距也因此越来越大;重标枪多被轻型长枪(lancea)取代,这种长枪上安有套索，投掷距离更远，能有效抵御骑兵队的攻击。常用的攻击武器还有一种"斯帕达"剑（spatha），这是一种日耳曼地区惯用的砍杀用双刃长剑，非常适合骑兵，因此在当时也广为流行。此外，防御武器也因为新的战况而有了改进。大部分头盔上都装了护颈，以便在受到刀剑劈砍的时候保护头部，盾牌也变得更圆且愈发轻便。元首制时期（公元前27年—284年）就已经组建的特殊兵种部队得到了扩大，比如摩尔人的骑兵弓箭手或东部战场的骆驼骑兵人数就大为增加。

这种武器技术上的改革也再次证明了罗马军队极强的适应能力，能对外界新的挑战和刺激作出灵活、因地制宜的改进。不过可惜的是，这并不足以保卫这个庞大的帝国。大部分行省的界墙经常会被入侵的外族击溃，罗马帝国不再安全无虞。因此，罗马帝国的各个城市，纷纷开始重修倒塌的城墙或建造新的城墙，其中最有代表性的就是由奥利安（270年—275年）下令新造的罗马城墙（奥利安墙）。此外，城内的交通要道、桥头堡以及其余重要工事上还加筑了城堡或瞭望塔来保障安全。边境各地筑高了原有的碉堡，与以前的建筑相比，新的碉堡外墙更厚，塔楼也更多。3世纪，日耳曼地区的界墙撤移到了莱茵河地区，同时加筑了一系列新的军事要塞。此外还加强巩固了其余边境地带的全部防御系统。莱茵河地区、德国南部、瑞士或多瑙河流域出土的古罗马时代的遗迹，或目前尚存的部分建筑，全都是这个时代的古建筑。

尽管无法避免疆土被外族侵占，但在接下来的近两百年间，罗马帝国依旧没有完全没落，其之所以会在476年彻底分崩瓦解，应该并不是军队质量下降造成的。事实上，罗马军队一如以往都是极富战斗力的，尤其是吸纳了外族兵团和将帅之后更是保持了很高的质量。西罗马帝国的没落是由众多的外部对手，以及本身的人口和经济资源无法与这些敌人相抗衡造成的。其中尤为关键的是，罗马帝国政体在当时也已经出现了四分五裂的迹象。共同的历史和宗教信仰、城市文化和传统以及能统治全境的上层势力，这些原本能凝聚各方力量、增强人民认同感的实力都在不断弱化，取而代之的是纷乱四起、叛变造反，这些乱军首领都是因为强占了国家财产才有实力起兵的。最后，罗马被起兵造反的原日耳曼辅助部队彻底击溃，日耳曼军队成了统帅全境的主力军，替代了罗马国民军的地位，而后者原本在古希腊罗马历史初期就一直都在为了保家卫国而战斗。

参考书目

普通书目

《剑桥希腊罗马军事史》.卷 1：《希腊，希腊化世界和罗马的崛起》.卷 2：《罗马，从共和国后期到罗马帝国后期》.主编：萨宾，凡·维斯，威特柏.剑桥，2007.

The Cambridge History of Greek and Roman Warfare.Vol. I: Greece, the Hellenistic World and the Rise of Rome, Vol.II: Rome. From the late Republic to the late Empire, ed.by. P.Sabin, H.van Wees, M. Whitby, Cambridge 2007

布列齐.《士兵，重装备步兵，军团——古典时代的军队》.博洛尼亚，2002.

(G.Brizzi, Il guerriero, l'oplita, il legionario. Gli eserciti nel mondo classico, Bologna 2002)

查尼奥提斯/杜克瑞(出版人).《古典时代的军队和权力》.斯图加特,2002.
A.Chaniotis/P.Ducrey(Hgg.), Army and Power in the Ancient World, Stuttgart 2002

德尔布吕克.《哲学史范畴内的军事艺术史》.柏林新德国日报,2000.
H.Delbrück, Geschichte der Kriegskunst im Rahmen der politischen Geschichte, ND Berlin 2000

哈克特(出版人).《古典世界的军事战争》.伦敦,1989.
J. Hackett (Hg.), Warfare in the Ancient World, London 1989

克罗迈耶尔/威特.《希腊人和罗马人的军事和战争》,选自《古典科学手册丛书第四卷3,2》.慕尼黑,1928.
J.Kromayer/G.Veith, Heerwesen und Kriegführung der

Griechen und Römer, HdAW IV 3,2, München 1928

古希腊军事史相关书目

查尼奥提斯.《希腊世界的战争.一部社会史和文化史》.牛津,2004.

A.Chaniotis, War in the Hellenistic World. A Social and Cultural History, Oxford 2004

弗兰茨.《战士,农民,公民——古风和古典时代重装备步兵研究》.法兰克福,2002.

J.P. Franz, Krieger, Bauern, Bürgern. Untersuchungen zu den Hopliten der archaischen und klassischen Zeit, Frankfurt a.M. 2002

格林哈尔克.《早期希腊战争》.剑桥,1973.

P.Greenhalgh,Early Greek Warfare, Cambridge 1973

汉森.《西方的战争方式:古典时期希腊的步兵战争》.纽约,1989.

V.D.Hanson, The Western Way of War: Infantry Battle in

Classical Greece, New York 1989

汉森.《重装备步兵：古典时代希腊的战斗经验》.伦敦，1991.

V.D.Hanson, Hoplites: The Classical Greek Battle Experience, London 1991

拉塔科茨.《伊利亚特的战争启示、战斗方式和现实战争》.慕尼黑，1977.

J.Latacz, Kampfparänese, Kampfdarstellung und Kampfwirklichkeit in der Ilias, München 1977

劳尼.《希腊军队研究》.共2卷.巴黎，1949/50，新德国日报1987.

M.Launey, Recherches sur les armées hellénistiques, 2 Bde., Paris 1949/50, ND 1987

拉岑柏.《斯巴达军队》.沃明斯特1985.

J.F.Lazenby, The Spartan Army, Warminster 1985

罗林斯.《战争中的古典希腊》.曼切斯特/纽约，2007.

L.Rawlings, The Ancient Greeks at War, Manchester/New York 2007

撒切.《古希腊军事资料手册》.伦敦/纽约，1996.
M.M.Sage, Warfare in Ancient Greece. A Sourcebook, London/New York 1996

凡·维斯.《希腊军事：神话和现实》.伦敦，2004.
H.van Wees, Greek Warfare. Myths and Realities, London 2004

古罗马军事史相关书目

埃尔夫蒂.《罗马军事史：论文集1962—1985》.阿姆斯特丹，1987.
G.Alföldi, Römische Heeresgeschichte.Beiträge 1962—1985, Amsterdam 1987

彼舍夫/柯尔斯顿.《从布匿战争到罗马没落期间罗马的军事装备》.伦敦，1933.
M.C.Bishof/J.C.N.Coulston, Roman Military Equipment

from the Punic Wars to the Fall of Rome, London 1933

坎贝尔.《罗马帝国的战争和社会——公元前31年到公元284年》.伦敦/纽约，2002.

B.Campbell, War and Society in Imperial Rome, 31 BC—AD 284, London/New York 2002

俄尔德坎普（出版人）.《罗马军队指南》.牛津，2007.

P. Erdkamp (Hg.), A Companion to the Roman Army, Oxford 2007

费格瑞.《罗马人的武器》.巴黎，1993.

M.Feugère, Les armes des Romains, Paris 1993

格里佛.《通往帝国的道路：罗马军队史》.斯图加特，2003.

K.Gilliver, Auf dem Weg zum Imperium. Eine Geschichte der römischen Armee, Stuttgart 2003

戈尔德斯沃斯.《战争中的罗马军队：公元前100年到公元200年》.牛津，1996.

A. Goldsworthy, The Roman Army at War: 100B.C. —A.D. 200, Oxfort 1996

哈里斯（出版人）.《罗马共和国中期的帝国主义》. 罗马，1982.
W.V. Harris（Hg.）, The imperialism of Mid Republican Rome, Rom 1982

容克曼.《奥古斯都军团：考古研究中的罗马战士》. 美因茨，1986.
M. Junkelmann, Die Legionen des Augustus. Der römische Soldat im archäologischen Experiment, Mainz 1986

凯皮.《罗马军队的建立》. 伦敦，1984.
L. Keppie, The Making of the Roman Army, London 1984

凯皮.《军团和退伍军人：罗马军队研究论文集》1971—2000（《马沃斯罗马军队论文集》12）. 斯图加特，2000.
L. Keppie, Legions and Veterans. Roman Army Papers 1971—2000 (Mavors Roman Army Papers 12), Stuttgart 2000

勒·博赫克.《罗马军队:从奥古斯都到君士坦丁大帝》.斯图加特,1993.

Y. Le Bohec, Die römische Armee: von Augustus zu Konstantin d.Gr., Stuttgart 1993

勒·博赫克.《罗马帝国军队》.巴黎,2006.

Y. Le Bohec, L'armée romaine sous le bas—empire, Paris 2006

曼.《推行元首制期间军团士兵的招募和退伍军人的安置》.伦敦,1983.

J.C. Mann, Legionary Recruitment and Veteran Settlement During the Principate, London 1983

帕克.《罗马军团》.牛津,1971.

H.M.D.Parker, The Roman Legion, Oxford 1971

普菲尔德赫尔特.《军事在罗马帝国时代提升社会地位上的作用》.美因茨,2002.

B.Pferdehirt, Die Rolle des Militärs für den sozialen Aufstieg in der römischen Kaiserzeit, Mainz 2002

拉夫劳博.《奥古斯都军事改革和施行元首制初期出现的政治难题》.载自：宾德尔.《神圣奥古斯都 I》.《研究之路》266 期.达姆施塔特，1987.第 246—307 页

K. Raaflaub, Die Militärreformen des Augustus und die politische Problematik des frühen Prinzipats, in: G.Binder, Saeculum Augustum I, WdF 266, Darmstadt 1987, 246—307

里奇/施普雷（出版人）.《罗马世界的战争和社会》.伦敦，1993.

J. Rich / G. Shipley（Hg.），War and Society in the Roman World, London 1993

韦伯斯特.《公元 1 世纪和 2 世纪的罗马帝国军队》伦敦，1985.

G. Webster, The Roman Imperial Army of the First and Second Centuries AD, London 1985

威施—克莱因.《罗马帝国时代军事中的社会要素》.斯图加特，1998.

G.Wesch-Klein, Soziale Aspekte des römischen Heerwesens

in der Kaiserzeit, Stuttgart 1998

施耐德.《罗马共和国后期退伍军人安置问题》.波恩，1977.

H.—Chr. Schneider, Das Problem der Veteranenversorgung in der späteren römischen Republik, Bonn 1977

斯奥什恩/迪克森.《罗马军队后期》.伦敦，1996.

P. Southern / K.R. Dixon, The Late Roman Army, London, 1996

德中译名对照表

德语原文	中文译文
Achaia	阿哈伊亚
Afrika	阿非利加
Agrippa	阿格里帕
Ägypten	埃及
Aitolien	爱奥利斯
Alexander der Große	亚历山大大帝
Alkaios	阿尔凯奥斯
Antiochos III.	安条克三世
Antiochos V.	安条克五世
Antonius	安东尼
Aristoteles	亚里士多德
Arkadien	阿卡迪亚
Artaxerxes	阿尔塔薛西斯
Athen	雅典
Augustus	奥古斯都
Aurelian	奥利安
Baktrien	巴克特里亚
Balearen	巴利阿里

Boiotien	彼奥提亚
Britannien	不列颠
Caesar	恺撒
Caligula	卡里古拉
Cannae	坎尼
Carrhae	卡莱
Chaironeia	喀罗尼亚
Chios	希俄斯
Claudius	克劳狄乌斯
Commodus	康茂德
Constantin I.	君士坦丁一世
Crassus	克拉苏
Dareios III	大流士三世
Diocletian	迪克里先
Diodor	狄奥多罗斯
Dionysios I.	狄俄尼索斯一世
Drusus	杜路苏斯
Epameinondas	伊巴密浓达
Etrusker	伊特拉斯坎人
Eumenes I.	欧迈尼斯一世
Flamininus, T. Quinctius	提图斯·昆克蒂乌斯·弗拉米宁
Gallien	高卢
Gallienus	加里恩努斯
Gaugamela	高加米拉
Gedrosien	格德罗西亚
Germanen	日耳曼人
Hannibal	汉尼拔
Herodot	希罗多德
Homer	荷马
Iberer	伊比利亚人
Illyrien	伊利里亚
Iran	伊朗
Issos	伊苏斯

Italien	意大利
Iugurtha	朱古达
Jerusalem	耶路撒冷
Josephus, Flavius	弗拉维乌斯·约瑟夫斯
Kallistratos	卡利斯特拉托斯
Kampanien	坎帕尼亚
Karthago	迦太基
Kelten	凯尔特人
Kimbern	基姆布利人
Kleinasien	小亚细亚
Kleon	克里昂
Korinth	科林斯
Kreta	克里特
Kynoskephalai	库诺斯克法莱
Kyros der Jüngere	小居鲁士
Lakonien	拉哥尼亚
Latiner	拉丁人
Laureion	劳里昂
Leuktra	留克特拉
Licinius Stolo, C.	盖乌斯·李锡尼·斯托洛
Livius	李维
Mainz	美因茨
Makedonien	马其顿
Marathon	马拉松
Mardonios	马多尼乌斯
Marius, C.	盖乌斯·马略
Mesopotamien	美索不达米亚
Messene	美塞尼亚
Misenum	米塞努
Mithridates von Pontos	本都国王米特拉达梯
Mykene	迈锡尼
Nemea	尼米亚
Nero	尼禄

Nikias	尼基亚斯
Numidien	努米底亚
Opis	奥丕斯
Pannonien	潘诺尼亚
Parther	帕尔尼
Peiraieus	比雷埃夫斯
Peloponnes	伯罗奔尼撒
Perikles	伯里克斯
Persien	波斯
Philipp II. von Makedonien	马其顿国王腓力二世
Philipp V. von Makedonien	马其顿国王腓力五世
Philotas	菲罗塔斯
Phokion	福基翁
Plataiai	普拉塔亚
Polybios	波利比奥斯
Pompeius	庞培
Poros	波拉斯
Ptolemaios IV.	托勒密四世
Raphia	拉菲亚
Ravenna	拉韦纳
Rhodos	罗德斯岛
Salamis	萨拉米斯
Sallust	撒路斯提乌斯
Samniten	萨姆尼特人
Samos	萨摩斯
Seian	谢亚努斯
Sempronius Gracchus, C.	盖约·塞姆普洛尼乌斯·格拉古
Sempronius Gracchus, Ti.	提比略·塞姆普洛尼乌斯·格拉古
Severus	赛维鲁
Sextius, L.	卢基乌斯·绥克斯图斯
Sizilien	西西里
Sogdiana	索格地亚纳
Spanien	西班牙

Sparta	斯巴达
Spurius Ligustinus	苏普利乌斯·李古斯第努斯
Straßburg	斯特拉斯堡
Sulla	苏拉
Sulpicius Galba	苏尔皮基乌斯·伽尔巴
Syrakus	锡拉库萨
Syrien	叙利亚
Tainaron	泰纳隆
Teutonen	条顿人
Theben	忒拜
Thessalien	色萨利
Thrakien	色雷斯
Thukydides	修昔底德
Tiberius	提比略
Traian	图拉真
Troia	特洛伊
Tyrtaios	提尔泰奥斯
Varus, T. Quinctilius 115	昆克蒂利乌斯·瓦卢斯
Veii	维埃
Vindonissa	温多尼萨
Xenophon	色诺芬

图书在版编目（CIP）数据

古希腊罗马军事史 / [瑞士] 莱昂哈特·布克哈特著；励洁丹译. —上海：上海三联书店，2018.10
ISBN 978-7-5426-6419-8
Ⅰ.①古… Ⅱ.①莱…②励… Ⅲ.①军事史－古希腊②军事史－古罗马 Ⅳ.①E192

中国版本图书馆 CIP 数据核字（2018）第 174529 号

古希腊罗马军事史

著　者 / [瑞士] 莱昂哈特·布克哈特
译　者 / 励洁丹
责任编辑 / 程　力
特约编辑 / 苑浩泰
装帧设计 / Metis 灵动视线
监　制 / 姚　军
出版发行 / 上海三联书店
　　　　　（201199）中国上海市都市路 4855 号 2 座 10 楼
邮购电话 / 021-22895557
印　刷 / 北京旭丰源印刷技术有限公司
版　次 / 2018 年 10 月第 1 版
印　次 / 2018 年 10 月第 1 次印刷
开　本 / 787×1092　1/32
字　数 / 80 千字
印　张 / 6

ISBN 978-7-5426-6419-8/E·8
定　价：28.80元

MILITÄRGESCHICHTE DER ANTIKE
by Leonhard Burckhardt
© Verlag C.H.Beck oHG, München 2008
Simplified Chinese language copyright © 2018
by Phoenix-Power Cultural Development Co., Ltd.
All rights reserved.
本书中文简体版权归北京凤凰壹力文化发展有限公司所有，并授权上海三联书店出版。
未经许可，请勿翻印。

著作权合同登记号　图字：09-2018-624 号